Discurso de metafísica

Dados Internacionais de Catalogação na Publicação (CIP)
(Câmara Brasileira do Livro, SP, Brasil)

Leibniz, Gottfried Wilhelm, 1646-1716
    Discurso de metafísica / Gottfried Wilhelm Leibniz ; tradução de Fábio Creder. – Petrópolis, RJ : Vozes, 2024. – (Coleção Pensamento Humano)

    Título original: Discours de métaphysique.

    ISBN 978-85-326-6792-2

    1. Filosofia alemã 2. Leibniz, Gottfried Wilhelm, 1646-1716 3. Leibniz – Metafísica 4. Metafísica I. Título. II. Série.

23-187882   CDD-149.7

Índices para catálogo sistemático:
1. Leibnizianismo : Filosofia 149.7

Tábata Alves da Silva – Bibliotecária – CRB-8/9253

Gottfried Wilhelm Leibniz

Discurso de metafísica

Tradução de Fábio Creder

Petrópolis

Tradução do original em francês intitulado *Discours de métaphysique*
A presente tradução foi realizada a partir do texto estabelecido por Michel Fichant na edição publicada pela Gallimard em sua coleção Folio Essais.

© desta tradução:
2019, 2024, Editora Vozes Ltda.
Rua Frei Luís, 100
25689-900 Petrópolis, RJ
www.vozes.com.br
Brasil

Todos os direitos reservados. Nenhuma parte desta obra poderá ser reproduzida ou transmitida por qualquer forma e/ou quaisquer meios (eletrônico ou mecânico, incluindo fotocópia e gravação) ou arquivada em qualquer sistema ou banco de dados sem permissão escrita da editora.

CONSELHO EDITORIAL

Diretor
Volney J. Berkenbrock

Editores
Aline dos Santos Carneiro
Edrian Josué Pasini
Marilac Loraine Oleniki
Welder Lancieri Marchini

Conselheiros
Elói Dionísio Piva
Francisco Morás
Gilberto Gonçalves Garcia
Ludovico Garmus
Teobaldo Heidemann

Secretário executivo
Leonardo A.R.T. dos Santos

PRODUÇÃO EDITORIAL

Aline L.R. de Barros
Marcelo Telles
Mirela de Oliveira
Otaviano M. Cunha
Rafael de Oliveira
Samuel Rezende
Vanessa Luz
Verônica M. Guedes

Conselho de projetos editoriais
Isabelle Theodora R.S. Martins
Luísa Ramos M. Lorenzi
Natália França
Priscilla A.F. Alves

Editoração: Andrea Bassoto Gatto
Diagramação: Littera Comunicação e Design
Revisão gráfica: Lorena Delduca Herédias
Capa: Editora Vozes

ISBN 978-85-326-6792-2

Este livro foi composto e impresso pela Editora Vozes Ltda.

SUMÁRIO

Estudo introdutório, 9

    Deus, seus atributos e o processo de criação do mundo (I-VII), 11

    As substâncias individuais e as consequências da sua definição (VIII-XVI), 13

    O mundo físico e a conciliação entre antigos e modernos (XVII-XXII), 18

    Os espíritos e o conhecimento (XXIII-XXIX), 19

    O reino divino, seus súditos e a verdadeira liberdade (XXX-XXXVII), 20

    Referências, 22

I Da perfeição divina e de que Deus faz tudo da maneira mais desejável, 23

II Contra aqueles que sustentam que não há bondade nas obras de Deus ou que as regras da bondade e da beleza são arbitrárias, 25

III Contra aqueles que creem que Deus poderia fazer melhor, 27

IV Que o amor de Deus exige uma inteira satisfação e aquiescência no tocante ao que Ele faz sem que para isso seja preciso ser quietista, 29

V Em que consistem as regras de perfeição e como a simplicidade das vias está em equilíbrio com a riqueza dos efeitos, 31

VI Que Deus nada faz fora da ordem e não é possível nem mesmo fingir eventos que não sejam regulares, 33

VII Que os milagres são conformes à ordem geral, conquanto sejam contra as máximas subalternas, e do que Deus quer ou permite por vontade geral ou particular, 35

VIII Para distinguir entre as ações de Deus e as das criaturas explica-se em que consiste a noção de uma substância individual, 37

IX Que cada substância singular exprime todo o universo à sua maneira e que em sua noção todos os seus eventos estão compreendidos com todas as suas circunstâncias e toda a sequência das coisas exteriores, 39

X Que a opinião das formas substanciais terá algo de sólido se os corpos forem substâncias, mas que essas formas não mudam nada nos fenômenos e não devem ser empregadas para explicar os efeitos particulares, 41

XI Que as meditações dos teólogos e dos filósofos chamados de escolásticos não devem ser desprezadas, 43

XII Que as noções que consistem na extensão encerram algo de imaginário e não poderiam constituir a substância dos corpos, 45

XIII Como a noção individual de cada pessoa encerra, de uma vez por todas, o que lhe acontecerá para sempre, nela veem-se as provas *a priori* da verdade de cada acontecimento, ou por que um aconteceu em vez do outro; mas essas verdades, conquanto asseguradas, não deixam de ser contingentes, estando fundadas no livre-arbítrio de Deus ou das criaturas, cuja escolha sempre tem suas razões que inclinam sem necessitar, 47

XIV Deus produz diversas substâncias segundo as diferentes visões que Ele tem do universo, e, pela mediação de Deus, a natureza própria de cada substância determina que o que acontece a uma corresponda ao que acontece a todas as outras sem que ajam imediatamente umas sobre as outras, 51

XV A ação de uma substância finita sobre outra consiste apenas no aumento do grau de sua expressão junto à diminuição do da outra, enquanto Deus as obriga a acomodarem-se juntas, 53

XVI O concurso extraordinário de Deus está compreendido no que a nossa essência exprime, pois essa expressão estende-se a tudo, mas ultrapassa as forças da nossa natureza ou a nossa expressão distinta, a qual é finita, e segue certas máximas subalternas, 55

XVII Exemplo de uma máxima subalterna ou lei da natureza, em que é demonstrado, contra os cartesianos e vários outros, que Deus conserva sempre a mesma força, mas não a mesma quantidade de movimento, 57

XVIII A distinção entre força e quantidade de movimento é importante, entre outras coisas, para julgar que é preciso recorrer a considerações metafísicas separadas da extensão a fim de explicar os fenômenos dos corpos, 61

XIX Utilidade das causas finais na física, 63

XX Passagem notável de Sócrates em Platão contra os filósofos demasiado materiais, 65

XXI Se as regras mecânicas dependessem exclusivamente da geometria sem a metafísica, os fenômenos seriam totalmente diferentes, 67

XXII Conciliação das duas vias pelas finais e pelas eficientes para satisfazer tanto aqueles que explicam a natureza mecanicamente como aqueles que recorrem a naturezas incorpóreas, 69

XXIII Para voltar às substâncias imateriais, explica-se como Deus age sobre o entendimento dos espíritos e se se tem sempre a ideia do que se pensa, 71

XXIV O que é conhecimento claro ou obscuro; distinto ou confuso; adequado e intuitivo; ou supositivo. Definição nominal, real, causal, essencial, 73

XXV Em que caso nosso conhecimento é juntado à contemplação da ideia, 75

XXVI Que temos em nós todas as ideias; e da reminiscência de Platão, 77

XXVII Como nossa alma pode ser comparada a folhas de papel em branco e como nossas noções provêm dos sentidos, 79

XXVIII Só Deus é o objeto imediato das nossas percepções, que existe fora de nós, e só Ele é a nossa luz, 81

XXIX No entanto, pensamos imediatamente pelas nossas próprias ideias, e não pelas de Deus, 83

XXX Como Deus inclina nossa alma sem dela necessitar; que não se tem o direito de queixar-se, que não se deve perguntar por que Judas peca, mas somente por que Judas, o pecador, é admitido à existência preferivelmente a algumas outras pessoas possíveis. Da imperfeição original antes do pecado e dos graus da graça, 85

XXXI Dos motivos da eleição, da fé prevista, da ciência média, do decreto absoluto. E que tudo se reduz à razão pela qual Deus escolheu para a existência uma tal pessoa possível, cuja noção encerra certa série de graças e de ações livres, o que faz cessarem, de repente, as dificuldades, 89

XXXII Utilidade desses princípios em matéria de piedade e religião, 91

XXXIII Explicação da união da alma e do corpo, que passou por inexplicável ou miraculosa, e da origem das percepções confusas, 93

XXXIV Da diferença entre espíritos e demais substâncias, almas ou formas substanciais, e de que a imortalidade que se exige implica a lembrança, 95

XXXV Excelência dos espíritos, e que Deus os considera preferivelmente às outras criaturas. Que os espíritos exprimem antes Deus do que o mundo, mas que as outras substâncias exprimem antes o mundo do que Deus, 97

XXXVI Deus é o monarca da mais perfeita república composta de todos os espíritos, e a felicidade dessa cidade de Deus é o seu principal desígnio, 99

XXXVII Jesus Cristo descobriu para os homens o mistério e as leis admiráveis do Reino dos Céus e a grandeza da suprema felicidade que Deus prepara para aqueles que o amam, 101

ESTUDO INTRODUTÓRIO

André Chagas Ferreira de Souza
Professor de Filosofia da Universidade Federal de Lavras

Discurso de metafísica é a obra de uma pessoa sem dúvida extraordinária, um autor típico da modernidade. Como outros intelectuais do seu tempo, Gottfried Wilhelm Leibniz (1646-1716) investigou assuntos nas mais diversas áreas, desde os mais teóricos, como os da matemática e das outras ciências, até os de modalidade prática, como o direito, a ética e a política. É importante informar que o grande elemento impulsionador para sua filosofia foi desenvolver um projeto pacificador, de modo que inclusive a sua região pudesse realmente tornar-se o país que hoje conhecemos como Alemanha. Tal caminho unificador era impedido pelos conflitos frequentes na Europa, com destaque para a Guerra dos Trinta Anos (1618-1648), que impactara desde muito cedo aquele filósofo. Em termos ideológicos, a resolução de tais disputas dependia da superação dos conflitos religiosos impulsionados, entre outras coisas, pelo antagonismo entre católicos e protestantes.

Com o intuito de solucionar tal querela, e isso mostra em parte um dos pontos que atravessa o *Discurso de metafísica*, Leibniz debruçou-se sobre propostas dedutivas a respeito de questões filosófico-teológicas. Isso faz as *Meditações metafísicas* de Descartes, cujo objetivo central é demonstrar a existência de Deus e a distinção entre a alma e o corpo. Além desses pontos, o *Discurso de metafísica* inclui as questões da Graça, da relação de Deus com suas criaturas, da natureza dos milagres e da origem do mal.

Embora sua motivação seja semelhante à de seu antecessor, Leibniz não concordava completamente com Descartes e seus seguidores, como Malebranche. Tal diferença é notável ao longo do *Discurso de metafísica*. Disso surge outro dado importante sobre o processo de criação filosófica de Leibniz, que é alimentada por uma grande erudição e pelo diálogo crítico com pensadores do seu tempo, com destaque para o próprio Descartes, além de Hobbes, Locke e Espinosa.

Há indícios de que Leibniz redigiu o *Discurso de metafísica* entre o fim de 1685 e início de 1686, num momento de ócio, numa circunstância parecida com a de Descartes, quando este elaborou seu *Discurso do método*. Leibniz produziu um vasto conjunto de escritos cuja maior parte é composta por cartas, opúsculos, rascunhos e artigos, mas poucas obras mais exaustivas ou mesmo uma *magna opus* destinadas à publicação.

O *Discurso de metafísica*, ainda que seja um texto sistematizado, ficou por muito tempo guardado junto ao grande volume de papéis do seu autor que foram arquivados em Hanover, onde ele faleceu sem ter tido grande reconhecimento em vida. O texto dessa tradução nem mesmo tinha um título, que, na verdade, lhe foi postumamente atribuído a partir de uma carta enviada por Leibniz a Landgrave Ernest von Hesse-Rheinfels, um monarca alemão, ao qual ele informara ter "feito um pequeno *discurso de metafísica*".

Leibniz solicitou àquele nobre que enviasse um sumário ao importante teólogo Antoine Arnauld, vinculado ao pensamento de Descartes, a quem, inclusive, dirigiu questionamentos às suas *Meditações metafísicas*, dando origem às *Quartas objeções e respostas* a essa obra. Leibniz não chegou a enviar a Arnauld a versão integral do *Discurso de metafísica*, mas os 37 itens daquele sumário, que se tornaram uma espécie de subtítulos das seções da edição final do *Discurso de metafísica*, serviram para uma fecunda troca de cartas entre Leibniz e Arnauld. Há indícios de que tal correspondência tenha levado Leibniz a não se interessar em publicar o *Discurso de metafísica* por reconsiderar seus argumentos com base nas críticas de Arnauld, tendo antes cogitado publicar tais cartas devido ao quanto fora impactado pelas suas discussões com o célebre teólogo.

Para compreendermos o que está em jogo no *Discurso de metafísica*, vejamos seus principais assuntos a partir de uma divisão temática de suas seções.

Deus, seus atributos e o processo de criação do mundo (I-VII)

O *Discurso de metafísica* é iniciado com a apresentação de Deus de forma axiomática, a partir dos seus atributos, poder, saber e vontade, caracterizados com infinitos. O filósofo afasta a ideia de que se trate do conceito infinito em sentido numérico ou contínuo, tendendo sempre ao mais e mais, o que implicaria indefinição ou contradição. Por exemplo, a ideia do maior dos números ou da maior das figuras, pois sempre é possível conceber algo ainda maior, como o dobro do suposto maior número ou da área da maior figura. No caso de Deus, o legítimo conceito de infinito refere-se a uma espécie de absoluto, de modo que Deus pode fazer tudo aquilo que é possível fazer ou conhecer tudo aquilo que se dá a entender. Ainda que haja um campo infinito sobre o que Deus pode fazer ou conhecer, tais objetos são abarcados por Deus de maneira determinada, de modo a expressá-lo como infinito atual. Apenas dessa maneira o infinito exprime a perfeição, e não o poder fazer ou conhecer mais e mais sem qualquer qualificação.

O criador também não expressa uma forma de indeterminação a respeito da sua vontade. Ainda que em princípio não tenha qualquer impedimento, Deus age conforme seu perfeito entendimento. A sabedoria divina orienta sua vontade, ou seja, ela é, por assim dizer, induzida pelo entendimento. Logo, nota-se o fundamento da crítica de Leibniz a Descartes, pois em suas *Meditações metafísi-*

cas até as verdades matemáticas se fundamentariam no poder e na vontade divinos. Leibniz, ao contrário, alega que, antes, Deus segue seu entendimento perfeito sem que isso implique a temida limitação ao poder e, por conseguinte, à liberdade divinos.

Para o autor do *Discurso de metafísica*, a liberdade não se funda na simples combinação da vontade e do poder, sem a intermediação do entendimento, mesmo no caso de Deus. Segundo Leibniz, a liberdade em sentido estrito é agir conforme o reconhecimento da melhor opção, e não a ação sem qualquer razão. Por isso, entre as duas opções, de que as coisas são boas porque Deus as fez ou que Ele as fez porque são boas, Leibniz defende a segunda alternativa. Deus opta por realizar a melhor obra, pois escolher uma inferior seria agir imperfeitamente e agir de maneira voluntariosa seria comportar-se como um tirano que ordena as coisas ao seu bel-prazer.

Leibniz nota que Deus, como apresentado no início do *Discurso de metafísica*, precisa de mais elementos para sustentar sua realidade, pois implicitamente Leibniz aplica um tipo de prova *a priori* por meio dos atributos do criador, que teria todas as perfeições, inclusive a existência, sem que isso implique contradição. Para Leibniz, Deus tem sua existência garantida, uma vez sustentada a possibilidade do conceito desse ser. A complementação de tal prova dá-se pelos seus efeitos, o próprio mundo, sobre o qual, se refletirmos cuidadosamente, percebemos que seria incapaz de se autorrealizar, pelas regularidades dos fatos e das leis que percebemos nesse local e das nossas faculdades de ação, de pensamento e de vontade, que refletem os atributos divinos.

Leibniz justifica que tal prova de existência do criador e revelação dos atributos dele seria cada vez mais evidente quanto mais entendêssemos a obra divina. Nesse sentido, há indícios de que o mundo criado, inclusive em detrimento de outros que poderiam ocupar o seu lugar, seria baseado no critério de máximo em mínimo, que, em suma, refere-se à riqueza de fenômenos naquele plano associada à quantidade suficiente de leis.

Uma das analogias no *Discurso de metafísica* para expressar a criação é tomar Deus como um excelente arquiteto, que consegue produzir uma excelente construção, de modo a dispor seus cômodos aproveitando bem o terreno e tendo como resultado uma bela construção a partir dos recursos necessários, nem mais nem menos.

Todo o mundo, segundo o *Discurso de metafísica*, é concebido previamente de modo meticuloso, sem nada fora de ordem, a partir da ponderação divina. Leibniz tem como uma de suas grandes máximas o pensamento de que tudo, absolutamente tudo, tem uma razão para existir ou ser como é, conforme *o princípio de razão suficiente*. Nenhum fato é indeterminado ou fruto de uma decisão momentânea de Deus, que teria ponderado sobre tudo que participa da sua obra antes de atribuir-lhe realidade. Isso implica que nem mesmo os milagres, que indicariam a suposta quebra da ordem ou leis dos fenômenos físicos, são exceção à máxima ordem que Deus identifica no seu objeto de criação.

As substâncias individuais e as consequências da sua definição (VIII-XVI)

No *Discurso de metafísica*, Leibniz introduz um importante conceito da sua filosofia madura, a substância individual, cuja primeira definição é de modalidade lógica, de um sujeito ao qual são atribuídos vários predicados, porém sem que esse seja atribuído a outro. A essa primeira parte da definição substancial, Leibniz acrescenta a cláusula da noção completa, que indica que além de jamais se expressar como predicado numa proposição, a substância configura-se como um sujeito que contém todos os seus predicados.

Como ilustração do conceito de substância individual, e como veremos o uso de exemplos é uma marca do *Discurso de metafísica*, Leibniz toma o caso de Alexandre Magno, que tem diversos predicados, como ser filho de Felipe da Macedônia, ter um cavalo nomeado como Bucéfalo, ser um grande conquistador e um rei. Alexandre passa no teste da substancialidade, ao contrário de um de seus predicados, como *rei*. Ainda que esse possa figurar como sujeito, de modo a ser dotado de predicados, por exemplo, expressar o regime governo de uma única pessoa e ter súditos, *rei* é atribuído a outros sujeitos, como Henrique VIII, Luís XIV e Charles III, o que não lhe torna a expressão de uma substância. Uma verdadeira substância individual é representada por um conceito absolutamente completo, pois, do contrário, embora trate-se de algo na posição de sujeito de certas proposições, é possível que também ocupe a posição de predicado.

A noção de substância de Leibniz é possivelmente um dos conceitos mais marcantes da sua filosofia. Ele foi motivado a sustentar sua teoria das infinitas substâncias como alternativa ao dualismo de Descartes e ao monismo de Espinosa, que segundo aquele levaria a grandes inconvenientes, com destaque para a possível indistinção entre as ações de Deus e de suas criaturas, implicando que até mesmo as más ações seriam diretamente causadas pelo criador.

No caso de Espinosa, isso seria mais visível, dado que haveria apenas um ser, Deus; e as criaturas, no caso destituídas de substancialidade, poderiam não passar de acidentes da única e verdadeira substância. Algo parecido aconteceria com Descartes, que, em função da insuficiência do seu argumento para unir a *res cogitans* com a *res extensa*, deveria recorrer ao expediente divino para fazer com que o ser humano pudesse realmente agir por si. Conforme essa concepção, Leibniz entende que nesse caso o ser humano também estaria mais próximo de um acidente ou de propriedade de Deus do que de um verdadeiro ser.

A noção completa implica conclusões curiosas, que Leibniz chega a intitular como paradoxos. Um deles é não haver substâncias individuais que se distingam *solo numero*, pois já que cada substância caracteriza-se pela totalidade dos seus predicados, expressando o conjunto integral de suas propriedades, cada uma delas tem noção exclusiva. A contrapartida disso significa que dois seres nunca podem compartilhar o mesmo conceito, de modo a diferenciarem-se apenas numericamente. Surge daí o princípio da identidade dos indiscerníveis, que indica que a relação entre conceitos completos e substância é unívoca. Logo, a suposta identidade entre coisas que percebemos no mundo seria de certa maneira ilusória, visto que, por exemplo, a própria localização espacial de cada uma afasta tal possibilidade.

Outra consequência é a ideia leibniziana de expressão, pois cada ser, com sua noção completa exclusiva, é um espelho vivo do mundo do qual faz parte. Esse plano nada mais é do que o agregado de todas as substâncias, suas unidades últimas. Nos termos de Leibniz, cada ser é uma perspectiva do plano ao qual pertence e, de certa forma, do próprio Deus. A forma de espelhamento pode dar-se de diversos níveis, como veremos. De qualquer maneira, enquanto um tipo de perspectiva, Leibniz considera cada ser como um universo próprio, o que seria reforçado a partir da tese da noção completa substancial.

As teses de Leibniz sobre a substância indicam uma reconsideração do seu pensamento no sentido de recuperação da tradição clássica medieval, mostrando a sua proposta conciliadora. Ele próprio reconhecera que na juventude vira-se num grande dilema, muito em função dos avanços das ciências na sua época, e preferiu adotar o paradigma moderno em detrimento da tradição. Porém, passado certo tempo, ele reconsiderou o pensamento antigo e notou que ele poderia ser bem utilizado nas reflexões filosóficas. Notamos, assim, que Leibniz inspirara-se, mas de maneira prudente, em teses como a das formas substanciais de modelo aristotélico-tomista, para desenvolver a sua ontologia. Ele reconhece que as formas teriam sido usadas de forma abusiva, quase mística, para explicar as coisas, conduzindo a certo truísmo, como se tudo no mundo se comportasse simplesmente devido a um tipo de natureza, como a suposta capacidade horodítica dos relógios ou a anedótica *vis dormitiva*. Nesse sentido, Leibniz aceita que a teoria das formas não seria a melhor opção para explicar fenômenos físicos particulares, mas poderia ser superior na explicação de conceitos metafísicos.

Leibniz critica a tomada da extensão como um tipo de substância, ou seja, a *res extensa* de Descartes. Há uma conhecida passagem da Segunda Meditação desse autor, em que ele supõe que se tome um pedaço de cera, num momento inicial, com certos aroma, textura e cor, mas cujas características se alterariam por completo, vindo a ter outra cor, a tornar-se líquida e talvez ter um aroma diferente, caso aquecêssemos esse mesmo objeto, que continuaria a ser o mesmo pedaço de cera em função da substancialidade da sua extensão.

Esse exemplo ilustra a separação entre qualidades secundárias, como cores, cheiro e outras identificadas pelos órgãos dos sentidos, e as primárias, vinculadas à extensão, como a figura e o movimento, ligadas, em suma, ao espaço, e supostamente mais distintas que aquelas. Entretanto Leibniz não considera essas modalidades tão distintas em relação ao conhecimento e suficientes para a definição de substância, e pouco contribuem para o conhecimento da realidade.

A bem da verdade, a extensão não evita o problema da divisibilidade infinita, como se nota em qualquer outro corpo do mundo. Dessa forma, Leibniz justifica que foi obrigado a recuperar as formas substanciais para garantir a unidade dos seres, evitando a inconsistência na definição desses apenas por meio da extensão.

Leibniz reconhece uma dificuldade ao afirmar-se que cada ser criado tem todos os seus predicados ou suas propriedades e dá-se ao perfeito entendimento divino. É esperado que logo nos venha à mente o problema do livre-arbítrio. A determinação dos respectivos conceitos dos seres criados, com destaque ao ser humano, faz-nos questionar se eles ainda controlariam suas ações. Como indicação para entendermos seu argumento, chamamos a atenção para sua teoria de que embora Deus reconheça tudo que se passa com suas criaturas, inclusive os fatos futuros que as envolvem, o criador apenas reconhece tais eventos como incluídos nos conceitos dos seres.

Como exemplo Leibniz toma outro personagem histórico, Júlio César, quem inclui em diversas ações, como sua célebre travessia do Rubicão, ao desafiar o senado romano. O autor do *Discurso de metafísica* insiste que Deus, na dimensão pré-criação apenas identifica que dentre todos os predicados de César está incluída a travessia daquele rio num determinado momento, sem que aja por essa criatura. Embora a travessia do Rubicão seja uma propriedade de César, isso não indica uma verdade necessária, do tipo geométrica, fundada no princípio da não contradição, como no caso das propriedades da figura triângulo. Essa necessariamente tem três lados e negar isso implica contradição em si. É impossível que uma figura que não seja delimitada por três lados seja um triângulo. Contudo, ainda que César esteja, de certo modo, determinado a passar pelo Rubicão, como Deus previamente sabia, ele pode não realizar tal ação.

Por fim, a teoria da substância individual implica que, na verdade, todas agem independentemente umas das outras, algo que decorre do conceito completo de cada uma. Leibniz entende que as relações entre as coisas seriam apenas uma espécie de encontro das ações de cada substância. Esse encontro entre os seres criados ou *harmonia preestabelecida* depende da mediação de Deus, como um ser que também conserva sua obra, mas sem que Ele opere conforme o modelo de interferência ocasionalista, e sim pelo fato de dar realidade ao mundo armado com as substâncias que o integram. Disso decorre que, por exemplo, em cada acontecimento em que algo age sobre outra coisa, a qual factualmente é movida, na verdade as duas substâncias envolvidas movem-se de modo independente. O detalhe é que uma que supostamente age, figurando-se como causa, exprime melhor o movimento do que a outra, que supostamente é movida, figurando-se como efeito. Porém, segundo Leibniz, essa relação entre algo que age e outro que padece ocorre apenas no campo dos fenômenos sensíveis, dados pelos nossos sentidos, mas, na realidade, em termos metafísicos, todas as coisas são no limite agentes.

O mundo físico e a conciliação entre antigos e modernos (XVII-XXII)

Como apresentado anteriormente, Leibniz distancia-se parcialmente do seu tempo ao reavivar teses filosóficas da tradição clássica medieval. Ligado a esse fato, destaca-se o seu recurso à causalidade final, vinculada à ideia antiga de natureza (*physis*), cujo abandono fora um dos principais lemas ligados à ciência e à filosofia dos modernos.

Segundo Leibniz, para os adeptos incondicionais do paradigma moderno, as coisas não se moviam mais em função de formas a serem realizadas ou finalidades a cumprir, que seriam espécie de causas ocultas, mas a partir das leis da mecânica, que era o campo da física predominante na modernidade. Com a matematização do espaço adotada desde a renascença, ele fora abstraído junto ao tempo de modo que o mundo fosse visto como um grande campo onde acontecem os fenômenos, e não mais a partir de uma natureza interna às coisas.

Leibniz entende no *Discurso de metafísica* que não apenas a filosofia, mas também a física, poderia beneficiar-se do recurso aos clássicos, a começar pela compreensão da origem do movimento, com destaque para a noção de força, a expressão da fonte do movimento, que deveria ser entendida mais a partir da dimensão metafísica do que das teorias referentes ao deslocamento dos corpos na dimensão espaço temporal. Ele reconhecia que o movimento podia ser descrito pelas leis físicas fundadas na matemática, mas isso seria limitado, podendo mesmo levar a erros.

Em síntese, Leibniz entende que as leis físicas do mundo não podem ser completamente entendidas conforme a mera abstração matemática, como baseada na quantificação da massa dos corpos e na mensuração da sua trajetória espacial. O mundo seria menos perfeitamente cognoscível matematicamente do que pode parecer à primeira vista.

Advertimos que não está em questão a correção do pensamento científico de Leibniz sobre suas ideias a respeito da força e da quantidade de movimento como ele trata no *Discurso de metafísica*, mas suas considerações sobre a ciência permitem aprofundar suas ideias filosóficas. Ele entende que, levada às últimas consequências, a visão mecanicista implicaria o movimento das coisas sem sentido, como se o mundo fosse um grande motor montado a partir da união de diversas peças sem um *telos*, e não uma obra fundada num grande propósito de um sábio criador. Da mesma forma, as coisas não deveriam no limite mover-se apenas, por exemplo, conforme o princípio da inércia, mas porque cada ser tende a um fim, quase ao estilo da busca pelo bem postulada pelos antigos. Em suma, a física pode descrever os fatos que testemunhamos por meio de nossa sensibilidade, mas a causa última de tais eventos, assim como a respeito da realidade, exige o recurso às substâncias.

Os espíritos e o conhecimento (XXIII-XXIX)

As substâncias distinguem-se basicamente em dois grupos: o daquelas que podem refletir sobre si, sobre o mundo e sobre o seu criador, e o daquelas que não podem, que são denominadas de espíritos. Essa capacidade reflexiva permite a eles superar o acesso às coisas apenas pela via perceptiva, permitindo-os desenvolver conhecimentos em diferentes níveis, que vão do confuso ao causal.

Os espíritos são incapazes de alcançar o conhecimento perfeito aos moldes de Deus, mas isso não os impede de ampliarem indefinidamente seu entendimento, que, inclusive, é fundamental para que possam viver melhor em sentido moral, pois conforme a perspectiva intelectualista e otimista de Leibniz, quanto mais um espírito compreender a obra do seu criador, da qual ele faz parte, mais tenderá a agir melhor.

Como representante do racionalismo, Leibniz considera que o entendimento é de fundamento inato. Embora ele reconheça que o conhecimento sobre os fatos do mundo, como o nascer do sol pelas manhãs, dependa da sua ocorrência regular, não é simples percepção dos fenômenos, ainda que tendam a ocorrer da mesma maneira, que gera o legítimo saber, como ele tratará em seu *Novos ensaios sobre o entendimento humano*. Antes, é a partir de certas ideias já presentes nos espíritos, como ser, substância, ação, identidade etc., que o conhecimento é engendrado.

Foi visto que toda substância individual não depende das outras, mas apenas de Deus, seu criador, que acaba por funcionar como intermediador entre elas, fazendo com que tenham os movimentos harmônicos entre si. Assim como todas as suas propriedades de substância, cada espírito tem suas próprias ideias. Apenas Deus é objeto imediato, objeto de conhecimento dos espíritos, ao qual mais entenderão quanto mais eles desvendarem as leis da sua obra.

O reino divino, seus súditos e a verdadeira liberdade (XXX-XXXVII)

A tese de que cada substância é senhora das suas ideias, sem que Deus interfira direta e constantemente em seu conceito individual, coloca novamente em cena o problema da liberdade. Doravante, Leibniz reforça que todos os seres, especificamente os espíritos, são senhores de suas decisões. Deus admite os espíritos com suas respectivas ações porque eles contribuem para a obra divina, a criação do melhor dos mundos. Se eles não agem bem, como no caso do terceiro exemplo de Leibniz, Judas, é porque eles não ponderam corretamente antes de agir.

Judas não poderia reclamar do seu criador, que apenas autoriza a existência das substâncias, e poderia ter recusado a traição caso o quisesse. Não é porque Deus prevê que ele trai Jesus que tal fato vem a acontecer, mas a decisão de trair incluída no conceito daquele discípulo é que corrobora a previsão divina.

Podemos questionar o que leva Deus a criar coisas que incluem o mal, como o pecado, no caso dos espíritos. Segundo o argumento leibniziano de que Deus cria um plano condizente com sua figura de ser perfeito, o mal deve estar presente no que vem a ser o melhor dos mundos possíveis. Conforme uma estratégia de Agostinho de Hipona, Leibniz argumenta que Deus não é causa do mal e, sim, permite-o pelo fato de que a sua obra assim o exige.

O melhor dos mundos possíveis provém de uma espécie de jogo de luz e sombra, cuja beleza surge dessa combinação. Em termos metafísicos, a perfeição total desse plano criado dá-se pela presença de imperfeições particulares. Em termos morais, casos como as falhas de conduta no estilo de Judas são compensadas pela justiça universal, pois não há crime sem a devida correção por tal falha. Resumidamente, os males particulares são compensados por um bem maior.

Por serem senhores de suas ações, ainda que determinados conforme os seus conceitos, cabe aos espíritos agirem da melhor maneira, sem se preocuparem com um suposto destino ou, no máximo, como se estivessem predestinados à felicidade, que é o estado de prazer perene, e não aos deleites transitórios. A eles cabe conhecer seu futuro apenas realizando-o. Deus, criador e monarca do mundo, é exemplo de conduta e deve inspirar as ações de suas criaturas, que devem procurar integrar tal plano como luz, e não como sombras, agindo bem. Isso novamente implica a importância de buscar-se o conhecimento da obra divina.

***

Como foi introduzido, o *Discurso de metafísica* é um texto do início do período maduro da filosofia de Leibniz e permite compreender parte do que foi desenvolvido por ele em sua época mais jovem, com destaque para suas teses morais e científicas. Nele também foram introduzidos conceitos e argumentos posteriormente desenvolvidos pelo seu autor, principalmente a respeito da metafísica, com destaque para o próprio conceito de substância, que passará a ser denominada de *mônada* e que é mais bem-delineada para responder questões que não estavam devidamente solucionadas no *Discurso de metafísica*, como no caso da definição dos corpos físicos e na questão da relação entre alma e corpo.

Leibniz também reverá o lugar ocupado pelo ser humano perante Deus, pois no *Discurso de metafísica* o criador supostamente teria mais apreço pelos espíritos do que pelas outras substâncias a ponto de o mundo ser centrado neles. Mas algum tempo depois, Leibniz questiona tal valoração; por exemplo, se um homem seria mais valioso aos olhos de Deus do que uma espécie inteira de outros seres não racionais. Os espíritos ainda se destacariam como substâncias por espelharem melhor o seu criador, podendo entrar em sociedade com Ele, mas sua imensa obra seria repleta de outras formas de vida imprescindíveis para o melhor dos mundos.

Isso mostra que o autor do *Discurso de metafísica* não interrompeu as reflexões e as revisões das suas ideias até o fim da sua vida. Todavia o texto a seguir, assim como no caso das substâncias, serve de ponto de vista e de porta de entrada para um importante autor da história da filosofia.

Referências

ANTOGNAZZA, M. R. *Leibniz*: an intellectual biography. Cambridge: Cambridge University Press, 2009.

LEIBNIZ, G. W. *Escritos filosóficos* (OLASO, E. ed). Buenos Aires: Charcas, 1982.

LEIBNIZ, G. W. *Discours de métaphysique suivi de Monadologie et autres textes* (FICHANT, M. ed). Paris: Gallimard, 2004.

I

Da perfeição divina e de que Deus faz tudo da maneira mais desejável

A noção de Deus mais aceita e mais significativa que temos está assaz bem exprimida nestes termos: Deus é um ser absolutamente perfeito, mas não se tem considerado suficientemente as suas consequências. E para aí avançar ainda mais, é oportuno notar que há na natureza várias perfeições muito diferentes, que Deus as tem em conjunto e que cada uma lhe pertence no grau mais soberano.

Também é preciso conhecer o que é perfeição; eis, portanto, uma marca assaz segura dela, a saber: as formas ou naturezas que não são suscetíveis do último grau não são perfeições; por exemplo, a natureza do número ou da figura, pois o número maior de todos (ou o número de todos os números), bem como a maior de todas as figuras, implicam contradição; porém a maior ciência e a onipotência não encerram impossibilidade. Por conseguinte, o poder e a ciência são perfeições, e na medida em que pertencem a Deus não têm limites.

Disso se segue que Deus, tendo a sabedoria suprema e infinita, age da maneira mais perfeita, não somente no sentido metafísico, mas ainda moralmente falando, e que podemos exprimir assim a nosso respeito: quanto mais estivermos esclarecidos e informados acerca das obras de Deus, tanto mais estaremos dispostos a achá-las excelentes e inteiramente conformes a tudo o que poderíamos desejar.

II

Contra aqueles que sustentam que não há bondade nas obras de Deus ou que as regras da bondade e da beleza são arbitrárias

Assim, estou muito afastado do sentimento daqueles que sustentam que não há regras de bondade e de perfeição na natureza das coisas ou nas ideias que Deus tem delas, e que as obras de Deus só são boas por esta razão formal: Deus as fez.

Se assim fosse, Deus, sabendo ser seu autor, só precisava vê-las posteriormente e achá-las boas, como testemunha a Sagrada Escritura, que só parece ter se servido dessa antropologia para comunicar-nos que se conhece sua excelência ao vê-las nelas mesmas, mesmo quando não se faça reflexão alguma sobre essa denominação totalmente nua, que as relaciona à sua causa. O que é tanto mais verdadeiro na medida em que é pela consideração das obras que se pode descobrir o operário. É preciso, pois, que essas obras tragam nelas o seu caráter.

Confesso que o sentimento contrário parece-me extremamente perigoso e muito próximo daquele dos últimos inovadores, cuja opinião é a de que a beleza do universo e a bondade que atribuímos às obras de Deus são apenas quimeras dos homens que concebem Deus à sua maneira. Além disso, dizendo-se que as coisas não são boas por nenhuma regra de bondade, mas apenas pela vontade de Deus, parece-me que se destrói sem pensar todo o amor de Deus e toda a sua glória. Por que louvá-lo pelo que Ele fez se seria igualmente louvável fazendo exatamente o contrário? Onde estará, então, sua justiça e sua sabedoria, se só restar certo poder despótico, se a vontade substituir a razão e se, segundo a definição dos tiranos, o que agradar ao mais poderoso for por isso mesmo justo? Ademais, parece que toda vontade suponha alguma razão de querer e que essa razão seja naturalmente anterior à vontade.

Eis porque acho ainda totalmente estranha essa expressão de alguns outros filósofos que dizem que as verdades eternas da metafísica e da geometria, e, por conseguinte, também as regras da bondade, da justiça e da perfeição, são apenas os efeitos da vontade de Deus, ao passo que me parece que elas sejam apenas consequências de seu entendimento, que não dependem de sua vontade, tampouco de sua essência.

III

Contra aqueles que creem que Deus poderia fazer melhor

Tampouco poderia aprovar a opinião de alguns modernos que sustentam audaciosamente que o que Deus faz não está na última perfeição e que Ele poderia ter agido bem melhor. Parece-me que as consequências desse sentimento sejam totalmente contrárias à glória de Deus: *Uti minus malum habet rationem boni, ita minus bonum habet rationem mali* (Como o mal menor tem uma medida de bem, assim o bem menor tem uma medida de mal). E é agir imperfeitamente agir com menos perfeição do que se teria podido. É objetar a obra de um arquiteto, mostrar que Ele poderia fazer melhor. Isso ainda vai contra a Sagrada Escritura, quando nos assegura a bondade das obras de Deus.

Como as imperfeições descem ao infinito, de qualquer forma que Deus tivesse feito a obra dele, teria sempre sido boa em comparação às menos perfeitas, se isso fosse suficiente; mas uma coisa dificilmente é louvável quando é apenas dessa maneira. Creio também que se encontrará uma infinidade de passagens da Sagrada Escritura e dos Santos Padres que favorecerão o meu sentimento, mas dificilmente elas serão encontradas para o sentimento desses modernos que, na minha opinião, desconhecem toda a Antiguidade e se baseiam apenas no demasiado pouco conhecimento que temos da harmonia geral do universo e das razões ocultas da conduta de Deus, o que nos faz julgar temerariamente que muitas coisas poderiam ter se tornado melhores.

Ademais, esses modernos insistem em algumas sutilezas pouco sólidas, pois imaginam que nada seja tão perfeito que não haja alguma coisa mais perfeita, o que é um erro. Eles creem também prover, assim, a liberdade de Deus, como se ela não fosse a mais alta liberdade de agir com perfeição segundo a soberana razão. Pois acreditar que Deus aja em alguma coisa sem ter nenhuma razão de sua vontade, além de parecer impossível, é um sentimento pouco conforme a sua glória; por exemplo, suponhamos que Deus escolhesse entre *A* e *B* e tomasse *A* sem ter nenhuma razão de preferi-lo a *B*. Digo que essa ação de Deus, pelo menos, não será louvável, pois todo louvor deve basear-se em alguma razão, que não se encontra aqui *ex hypothesi*. Em vez disso, mantenho que Deus não faz coisa alguma pela qual não mereça ser glorificado.

IV

Que o amor de Deus exige uma inteira satisfação e aquiescência no tocante ao que Ele faz sem que para isso seja preciso ser quietista

O conhecimento geral da grande verdade de que Deus age sempre da maneira mais perfeita e mais desejável possível é, a meu ver, o fundamento do amor que devemos a Deus sobre todas as coisas, pois aquele que ama busca a sua satisfação na felicidade ou a perfeição do objeto amado e de suas ações. *Idem velle et idem nolle vera amicitia est* (Querer a mesma coisa e não querer a mesma coisa é a verdadeira amizade). E acredito que seja difícil amar a Deus quando não se está disposto a querer o que Ele quer quando se teria o poder de mudá-lo.

Com efeito, aqueles que não estão satisfeitos com o que Ele faz parecem-me semelhantes a súditos descontentes cuja intenção não é muito diferente daquela dos rebeldes. Portanto mantenho que, segundo esses princípios, para agir em conformidade com o amor de Deus não basta ter paciência pela força, é preciso estar verdadeiramente satisfeito com tudo o que nos aconteceu segundo a vontade dele.

Entendo essa aquiescência quanto ao passado, pois, quanto ao futuro, não é preciso ser quietista, nem esperar, ridiculamente, de braços cruzados, o que Deus fará, segundo o sofisma que os antigos chamavam de *lógon áergon*, a razão preguiçosa, mas é preciso agir segundo a *vontade presuntiva* de Deus, tanto quanto a pudermos julgar, tentando, com todo o nosso poder, contribuir para o bem geral e, particularmente, para o ornamento e para a perfeição do que nos toca, ou do que nos está próximo, e, por assim dizer, ao alcance.

Quando o acontecimento talvez tiver mostrado que Deus não quis presentemente que a nossa boa vontade tenha seu efeito, não se segue daí que Ele não queria que nós fizéssemos o que fizemos. Ao contrário, como Ele é o melhor de todos os senhores, Ele jamais exige mais do que a reta intenção e a Ele pertence conhecer a hora e o lugar próprios para fazer realizarem-se os bons desígnios.

V

Em que consistem as regras de perfeição e como a simplicidade das vias está em equilíbrio com a riqueza dos efeitos

É suficiente, portanto, ter em Deus a confiança de que Ele faz tudo pelo melhor e de que nada poderia prejudicar aqueles que o amam, mas conhecer em particular as razões que puderam movê-lo a escolher essa ordem do universo, a sofrer os pecados, a dispensar suas graças salutares de uma certa maneira. Isso ultrapassa as forças de um espírito finito, sobretudo quando ele ainda não tiver alcançado o gozo da visão de Deus. Entretanto pode-se fazer algumas considerações gerais a respeito da conduta da Providência no governo das coisas.

Pode-se dizer, então, que aquele que age perfeitamente é semelhante a um excelente geômetra, que sabe encontrar as melhores construções de um problema; a um bom arquiteto, que arranja o lugar e os fundos destinados à construção da maneira mais vantajosa, nada deixando de chocante ou que seja destituído da beleza da qual ele é suscetível; a um bom pai de família, que emprega seus bens para que nada haja de inculto nem de estéril; a um hábil maquinista, que atinge seu fim pela via menos embaraçosa que se possa escolher; a um sábio autor, que encerra o máximo de realidade no mínimo de volume possível.

Ora, os mais perfeitos de todos os seres e que menos ocupam volume, isto é, que menos se impedem, são os espíritos, cujas perfeições são as virtudes. Eis por que não se deve duvidar de que a felicidade dos espíritos seja o principal objetivo de Deus e de que

Ele a execute tanto quanto a harmonia geral permita. Falaremos disso mais em breve.

No que se refere à simplicidade das vias de Deus, ela realiza-se propriamente em relação aos meios e, ao contrário, a variedade, a riqueza ou a abundância realizam-se em relação aos fins ou aos efeitos. E um deve estar em equilíbrio com o outro, como as despesas destinadas a uma construção com a grandeza e a beleza exigidas.

É verdade que nada custa a Deus bem menos do que a um filósofo, que faz hipóteses para a fábrica de seu mundo imaginário, porquanto Deus só precisa fazer decretos para fazer nascer um mundo real; mas, em matéria de sabedoria, os decretos ou as hipóteses servem de despesa, visto que são mais independentes umas das outras: a razão quer que se evite a multiplicidade nas hipóteses ou nos princípios, mais ou menos como o sistema mais simples é sempre preferido em astronomia.

VI

Que Deus nada faz fora da ordem e não é possível nem mesmo fingir eventos que não sejam regulares

As vontades ou as ações de Deus são comumente divididas em ordinárias e extraordinárias, porém é bom considerar que Deus nada faz fora da ordem. Assim, o que parece extraordinário é apenas em relação a alguma ordem particular estabelecida entre as criaturas, pois quanto à ordem universal, tudo nela está conforme. Isso é tão verdadeiro que não somente nada acontece no mundo que seja absolutamente irregular, mas não se poderia nem mesmo fingir nada disso.

Suponhamos, por exemplo, que alguém faça muitos pontos sobre o papel ao acaso, como o fazem aqueles que exercem a ridícula arte da geomancia. Digo que é possível encontrar uma linha geométrica cuja noção seja constante e uniforme segundo certa regra, de modo que essa linha passe por todos esses pontos e na mesma ordem em que a mão os tivesse marcado. E se alguém traçasse, de uma só vez, uma linha que fosse ora reta, ora circular, ora de outra natureza, é possível encontrar uma noção, ou regra, ou equação comum a todos os pontos dessa linha em virtude da qual essas mesmas mudanças devam acontecer. E não há, por exemplo, rosto algum cujo contorno não faça parte de uma linha geométrica e não possa ser traçado com um único traço por um movimento regulado. Mas, quando uma regra é muito complexa, o que lhe é conforme parece irregular.

Assim, pode-se dizer que, de qualquer maneira que Deus criasse o mundo, Ele teria sempre sido regular e seguido certa ordem geral. Porém Deus escolheu aquele que é o mais perfeito, ou seja, aquele que é, ao mesmo tempo, o mais simples em hipóteses e o mais rico em fenômenos, como poderia ser uma linha geométrica cuja construção fosse fácil e cujas propriedades e cujos efeitos fossem admiráveis e de grande extensão.

Sirvo-me dessas comparações para esboçar alguma semelhança imperfeita com a sabedoria divina e para dizer o que possa, pelo menos, elevar nosso espírito a conceber de alguma forma o que não se saberia exprimir suficientemente. Mas eu não pretendo, de maneira alguma, explicar assim o grande mistério do qual depende todo o universo.

VII

Que os milagres são conformes à ordem geral, conquanto sejam contra as máximas subalternas, e do que Deus quer ou permite por vontade geral ou particular

Ora, visto que nada se pode fazer que não esteja na ordem, pode-se dizer que os milagres estão na ordem tanto quanto as operações naturais, que se chamam assim porque são conformes a certas máximas subalternas que chamamos de a natureza das coisas.

Pode-se dizer que essa natureza seja apenas um costume de Deus, do qual Ele pode dispensar-se por uma razão mais forte do que aquela que o moveu a servir-se dessas máximas. Quanto às vontades gerais ou particulares, segundo forem consideradas, pode-se dizer que Deus faça tudo segundo à vontade dele mais geral, que é conforme a mais perfeita ordem que Ele escolheu.

Porém pode-se dizer também que Ele tenha vontades particulares que são exceções dessas máximas subalternas supracitadas, porque a mais geral das leis de Deus, que regula toda a sequência do universo, é sem exceção. E pode-se dizer também que Deus queira tudo o que seja um objeto da vontade particular dele, mas quanto aos objetos da sua vontade geral, tais como são as ações das outras criaturas, particularmente daquelas racionais, com as quais Deus quer concorrer, é preciso distinguir, pois se a ação for boa em si mesma pode-se dizer que Ele queira-a e ordene-a algumas vezes, mesmo que ela não aconteça, mas se for má em si mesma e só tornar-se boa por acidente, porque a consequência das coisas e, particularmente, o castigo e a satisfação corrigem sua malignidade e recompensam seu mal com usura de sorte que, enfim, encontra-se mais perfeição em toda a consequência do que se todo o mal não tivesse acontecido, é preciso dizer que Deus permite-a; não que Ele a queira, conquanto concorra para ela por causa das leis de natureza que Ele estabeleceu e porque Ele sabe tirar daí um bem maior.

VIII

Para distinguir entre as ações de Deus e as das criaturas explica-se em que consiste a noção de uma substância individual

É muito difícil distinguir as ações de Deus das ações das criaturas. Há quem creia que Deus faça tudo, outros imaginam que Ele não faça mais do que conservar a força que deu às criaturas. O que se segue mostrará como é possível dizer ambas as coisas.

Ora, como as ações e as paixões pertencem propriamente às substâncias individuais (*actiones sunt suppositorum* [as ações são dos sujeitos]), seria necessário explicar o que é uma substância. É bem verdade que sempre que se atribuem vários predicados a um mesmo sujeito e não se atribui esse sujeito a nenhum outro, ele é chamado de substância individual, porém isso não é suficiente, e tal explicação é apenas nominal. É preciso, então, considerar o que é ser atribuído verdadeiramente a um sujeito.

Ora, é constante que toda predicação verdadeira tem algum fundamento na natureza das coisas, e quando uma proposição não é idêntica, isto é, quando o predicado não está compreendido expressamente no sujeito, é preciso que nele esteja compreendido virtualmente, e é a isso que os filósofos chamam de *in-esse* (estar-em), dizendo que o predicado está no sujeito.

Assim, é preciso que o termo do sujeito encerre sempre aquele do predicado, de sorte que aquele que entende perfeitamente a noção do sujeito também julga que o predicado lhe pertence.

Assim sendo, podemos dizer que a natureza de uma substância individual ou de um ser completo é ter uma noção tão perfeita que seja suficiente para compreender e para fazer deduzir dela todos os predicados do sujeito ao qual essa noção é atribuída. Ao passo que o acidente é um ser cuja noção não encerra tudo o que se pode atribuir ao sujeito ao qual se atribui essa noção.

Dessa forma, a qualidade de rei que pertence a Alexandre, o Grande, fazendo-se abstração do sujeito, não é suficientemente determinada para um indivíduo e não encerra as outras qualidades do mesmo sujeito, nem tudo o que a noção desse rei compreende, ao passo que Deus, vendo a noção individual ou a hecceidade de Alexandre, nela vê, ao mesmo tempo, o fundamento e a razão de todos os predicados que possam ser ditos dele verdadeiramente, como o fato de que vencerá Dario e Poro, até a nela conhecer *a priori* (e não por experiência) se morreu de morte natural ou por veneno, o que nós só podemos saber pela história.

Além disso, quando se considera bem a conexão das coisas, pode-se dizer que há desde sempre na alma de Alexandre restos de tudo o que lhe aconteceu e as marcas de tudo o que lhe acontecerá, e até traços de tudo o que se passa no universo, conquanto só pertence a Deus reconhecê-los todos.

IX

Que cada substância singular exprime todo o universo à sua maneira e que em sua noção todos os seus eventos estão compreendidos com todas as suas circunstâncias e toda a sequência das coisas exteriores

Seguem-se disso vários paradoxos consideráveis, como, entre outros, que não é verdadeiro que duas substâncias sejam inteiramente semelhantes nem diferentes *solo numero* (somente pelo número), e que o que Santo Tomás assegura sobre o ponto dos anjos ou inteligências (*quod ibi omne individuum sit species infima* [pois todo indivíduo é espécie ínfima]) é verdadeiro de todas as substâncias desde que se tome a diferença específica como as tomam os geômetras em relação às suas figuras.

Item que uma substância só poderia começar por criação e só perecer por aniquilação, que não se divide uma substância em duas nem se faz de duas uma, e que, assim, o número das substâncias naturalmente não aumenta nem diminui, conquanto elas sejam frequentemente transformadas.

Ademais, qualquer substância é como um mundo inteiro e como um espelho de Deus ou mesmo de todo o universo, que ela exprime cada uma a sua maneira, quase como uma mesma cidade é diversamente representada segundo as diferentes situações daquele que a olha.

Assim, o universo é, de certa forma, multiplicado tantas vezes quantas substâncias houver, e a glória de Deus é redobrada do mesmo modo por tantas representações totalmente diferentes de sua obra. É possível dizer até que uma substância porta, de certo modo, o caráter da sabedoria infinita e da onipotência de Deus, e imita-o tanto quanto ela disso seja suscetível, pois ela exprime, embora confusamente, tudo o que acontece no universo passado, presente ou futuro, o que tem alguma semelhança com uma percepção ou um conhecimento infinito; e como todas as outras substâncias, por sua vez, a exprimem, e a ela se acomodem, pode-se dizer que ela estende seu poder a todas as outras, imitando a onipotência do criador.

X

Que a opinião das formas substanciais terá algo de sólido se os corpos forem substâncias, mas que essas formas não mudam nada nos fenômenos e não devem ser empregadas para explicar os efeitos particulares

Parece que tanto os antigos como muitas pessoas hábeis acostumadas às meditações profundas, que ensinaram teologia e filosofia há alguns séculos, e das quais algumas são recomendáveis por sua santidade, tiveram algum conhecimento do que acabamos de dizer, e é isso que as fez introduzir e manter as formas substanciais que são hoje tão desacreditadas. Mas não estão tão afastados da verdade nem são tão ridículos como imagina o vulgar dos nossos novos filósofos.

Concordo que a consideração dessas formas de nada sirva no pormenor da física e não deve ser empregada na explicação dos fenômenos em particular. E foi nisso que os nossos escolásticos falharam, assim como os médicos do passado seguindo o exemplo, crendo darem razão das propriedades dos corpos fazendo menção às formas e às qualidades sem se darem o trabalho de examinar a maneira de operação, como se estivessem se contentando em dizer que um relógio tem a qualidade horodítica proveniente de sua forma sem considerar em que isso consiste; o que pode bastar, com efeito, para aquele que o compra, desde que ele abandone esse cuidado a outrem.

Mas essa falha e esse mau uso das formas não devem fazer com que rejeitemos algo cujo conhecimento é tão necessário em metafísica e que, sem ele, mantenho que não poderíamos bem conhecer os primeiros princípios nem elevar suficientemente o espírito ao conhecimento das naturezas incorpóreas e das maravilhas de Deus.

No entanto, assim como um geômetra não tem necessidade de embaraçar o espírito no famoso labirinto da composição do contínuo, e nenhum filósofo moral, menos ainda um jurisconsulto ou um político, precisa submeter-se à pena das grandes dificuldades que se encontram na conciliação do livre-arbítrio com a providência de Deus, porquanto o geômetra pode concluir todas as suas demonstrações e o político pode terminar todas as suas deliberações sem entrar nessas discussões, que não deixam de ser necessárias e importantes na filosofia e na teologia, do mesmo modo um físico pode justificar experiências servindo-se ora das experiências mais simples já feitas, ora das demonstrações geométricas e mecânicas, sem precisar de considerações gerais que são de outra esfera; e se ele emprega o concurso de Deus ou, então, alguma alma, arqué ou outra coisa dessa natureza, ele extravaga tanto quanto aquele que, em uma importante deliberação prática, quisesse entrar nos grandes raciocínios sobre a natureza do destino e da nossa liberdade; como, com efeito, os homens cometem com bastante frequência essa falta sem nela pensar, quando embaraçam o espírito na consideração da fatalidade e até, por vezes, são desviados assim de alguma boa resolução ou de algum cuidado necessário.

XI

Que as meditações dos teólogos e dos filósofos chamados de escolásticos não devem ser desprezadas

Sei que avanço um grande paradoxo ao pretender, de certa forma, reabilitar a antiga filosofia e recordar *postliminio* (por direito de retorno) as formas substanciais quase banidas, mas talvez não me condenem quando souberem que meditei bastante sobre a filosofia moderna, que dediquei muito tempo às experiências da física e às demonstrações da geometria, que estive por muito tempo persuadido da vaidade desses entes e que fui, enfim, obrigado a retomar, a despeito de mim mesmo, e como que à força, após ter feito eu mesmo investigações que me fizeram reconhecer que os nossos modernos não são justos o bastante com Santo Tomás e outros grandes homens daquele tempo, e que há nos sentimentos dos filósofos e teólogos escolásticos bem mais solidez do que se imagina, desde que delas nos sirvamos oportunamente e em seu lugar.

Estou mesmo persuadido de que, se algum espírito exato e meditativo se desse ao trabalho de esclarecer e digerir seu pensamento à maneira dos geômetras analíticos, encontraria neles um tesouro de inúmeras verdades, muito importantes e absolutamente demonstrativas.

XI

Quaes meditações dos teologos e dos filosofos chamados de scholasticos não devem ser desprezadas

XII

Que as noções que consistem na extensão encerram algo de imaginário e não poderiam constituir a substância dos corpos

Mas para retomar o fio das nossas considerações, acredito que aquele que meditar sobre a natureza da substância, que expliquei anteriormente, encontrará que toda a natureza do corpo não consiste somente na extensão, isto é, na grandeza, na figura e no movimento, que é preciso necessariamente reconhecer nela algo que tenha relação com as almas e que se chama vulgarmente de forma substancial, se bem que ela em nada modifique os fenômenos, tampouco a alma dos animais irracionais, se a tiverem.

Pode-se mesmo demonstrar que a noção da grandeza, da figura e do movimento não é tão distinta quanto se imagina, e que ela encerra algo de imaginário e de relativo às nossas percepções, como são ainda (conquanto bem mais) a cor, o calor e outras qualidades semelhantes, que se pode duvidar que se encontram verdadeiramente na natureza das coisas fora de nós.

É por isso que essas espécies de qualidades não podem constituir qualquer substância. E se não há nenhum outro princípio de identidade no corpo além do que acabamos de dizer, um corpo nunca subsistirá por mais do que um momento. No entanto as almas e as formas substanciais dos outros corpos são bem diferentes das almas inteligentes, as únicas que conhecem as suas ações e que não somente não perecem naturalmente como guardam sempre o fundamento do conhecimento do que elas são; o que as torna as únicas suscetíveis de castigo e de recompensa e faz delas cidadãs da república do universo, da qual Deus é o monarca, também se segue que todo o resto das criaturas deve-lhes servir, do que logo falaremos mais amplamente.

XIII

**Como a noção individual de cada pessoa encerra,
de uma vez por todas, o que lhe acontecerá para sempre,
nela veem-se as provas *a priori* da verdade de cada
acontecimento, ou por que um aconteceu em vez do outro;
mas essas verdades, conquanto asseguradas,
não deixam de ser contingentes, estando fundadas
no livre-arbítrio de Deus ou das criaturas, cuja escolha
sempre tem suas razões que inclinam sem necessitar**

Antes de prosseguirmos é preciso tentar resolver uma grande dificuldade que pode nascer dos fundamentos que nós lançamos anteriormente.

Dissemos que a noção de uma substância individual encerra, de uma vez por todas, tudo o que lhe pode alguma vez acontecer e que, considerando essa noção, nela pode-se ver tudo o que se poderá verdadeiramente enunciar dela, como podemos ver na natureza do círculo todas as propriedades que dela se podem deduzir. Mas parece que, por isso, a diferença entre verdades contingentes e necessárias será destruída, a liberdade humana já não terá nenhum lugar e uma fatalidade absoluta reinará sobre todas as nossas ações, bem como sobre todo o resto dos acontecimentos do mundo.

A isso respondo que é preciso distinguir entre o que é certo e o que é necessário: todo mundo permanece de acordo que os futuros contingentes estão assegurados, porquanto Deus os prevê, mas não se reconhece, por isso, que eles sejam necessários. Porém (lhe será dito) se alguma conclusão se puder deduzir infalivelmente de uma definição ou noção, ela será necessária.

Ora, nós sustentamos que tudo o que deve acontecer a qualquer pessoa está já compreendido virtualmente na sua natureza ou noção, como as propriedades estão apreendidas na definição do círculo; assim, a dificuldade subsiste ainda. Para resolvê-la solidamente, digo que a conexão ou consecução é de dois tipos: uma é absolutamente necessária, aquela cujo contrário implique contradição, e essa dedução ocorre nas verdades eternas, como são aquelas da geometria; a outra só é necessária *ex hypothesi* e, por assim dizer, por acidente, e ela é contingente nela mesma, sempre que o contrário não a implique. E essa conexão está fundada não sobre as ideias absolutamente puras e sobre o simples entendimento de Deus, mas sobre seus decretos livres e sobre a sequência do universo.

Vamos a um exemplo: porquanto Júlio César se tornará ditador perpétuo e senhor da república e suprimirá a liberdade dos romanos, essa ação está compreendida na sua noção, pois supomos que seja da natureza de uma tal noção perfeita de um sujeito tudo compreender a fim de que o predicado aí esteja encerrado, *ut possit inesse subjecto* (para que possa estar no sujeito).

Poderia ser dito que não é em virtude dessa noção ou ideia que ele deve cometer essa ação, porquanto ela só lhe convém porque Deus sabe tudo. Mas se insistirá que sua natureza ou forma responde a essa noção, e porquanto Deus lhe impôs essa personagem, é-lhe doravante necessário satisfazê-la.

Eu a isso poderia responder pela instância dos futuros contingentes, pois eles nada têm ainda de real, a não ser no entendimento e na vontade de Deus, e visto que Deus lhes deu de antemão essa forma, será preciso mesmo assim que eles a ela respondam. Mas prefiro resolver as dificuldades a escusá-las pelo exemplo de quaisquer outras dificuldades semelhantes, e o que vou dizer servirá para esclarecer tanto uma quanto a outra.

É, portanto, agora que é preciso aplicar a distinção das conexões, e digo que o que acontece conforme esses avanços é seguro, mas não é necessário, e se alguém fizesse o contrário não faria nada de impossível em si mesmo, conquanto seja impossível (*ex hypothesi*) que isso aconteça.

Se algum homem fosse capaz de concluir toda a demonstração em virtude da qual poderia provar essa conexão do sujeito que é César e do predicado que é o seu empreendimento bem-sucedido, ele mostraria, com efeito, que a ditadura futura de César tem seu fundamento na sua noção ou natureza, que nela vê-se uma razão por que resolveu atravessar o Rubicão em vez de parar nele, e por que ganhou em vez de perder a batalha de Farsália; e que era razoável e, por consequência, seguro de isso acontecer, mas não que fosse necessário em si mesmo nem que o contrário implique contradição.

Quase como é razoável e seguro que Deus fará sempre o melhor, não obstante o que seja menos perfeito não implique (contradição), pois se descobriria que essa demonstração desse predicado de César não é tão absoluta quanto aquelas dos números ou da geometria, mas que ela supõe a sequência das coisas que Deus escolheu livremente, e que está fundada no primeiro decreto livre dele, que determina fazer sempre o que é mais perfeito, e no decreto que Deus fez (depois do primeiro) em relação à natureza humana, de que o homem fará sempre (conquanto livremente), o que parecer melhor.

Ora, toda verdade que seja fundada nesses tipos de decretos é contingente, ainda que seja certa, pois esses decretos não mudam a possibilidade das coisas, e, como já disse, conquanto Deus escolhesse sempre o melhor seguramente, isso não impede que o que é menos perfeito seja e permaneça possível em si mesmo, embora não aconteça, pois não é a sua impossibilidade, mas a sua imperfeição, que o faz rejeitar. Ora, nada cujo oposto seja possível é necessário.

Alguém estará, portanto, em condições de resolver esses tipos de dificuldades, por maiores que pareçam (e efetivamente elas não são menos prementes em relação a todos os outros que alguma vez trataram dessa matéria), desde que considere bem que todas as proposições contingentes têm razões para serem antes assim do que de outra maneira, ou, então (o que é a mesma coisa), que elas têm provas *a priori* da sua verdade, que as tornam certas e que mostram que a conexão do sujeito e do predicado dessas proposições tem seu fundamento na natureza de um e do outro, mas que não tem demonstrações de necessidade, porquanto essas razões só estão fundadas no princípio da contingência ou da existência das coisas, quer dizer, no que é ou parece o melhor entre várias coisas igualmente possíveis, ao passo que as verdades necessárias estão fundadas no princípio de contradição e na possibilidade ou impossibilidade das próprias essências, sem considerar nisso a vontade livre de Deus ou das criaturas.

XIV

Deus produz diversas substâncias segundo as diferentes visões que Ele tem do universo, e, pela mediação de Deus, a natureza própria de cada substância determina que o que acontece a uma corresponda ao que acontece a todas as outras sem que ajam imediatamente umas sobre as outras

Após ter conhecido, de certa forma, em que consiste a natureza das substâncias, é preciso tentar explicar a dependência que umas têm das outras e suas ações e paixões.

Ora, é primeiramente muito manifesto que as substâncias criadas dependem de Deus, que as conserva e até mesmo as produz continuamente por uma espécie de emanação, como nós produzimos os nossos pensamentos. Pois Deus, virando, por assim dizer, de todos os lados e de todas as formas o sistema geral dos fenômenos que Ele considera bom produzir para manifestar sua glória, e observando todas as faces do mundo de todas as maneiras possíveis, porquanto não existe relação que escape à sua onisciência, o resultado de cada visão do universo, como observada de um certo lugar, é uma substância que exprime o universo conforme a essa visão, se Deus considerar bom tornar seu pensamento efetivo e produzir essa substância. E como a visão de Deus é sempre verdadeira, nossas percepções também assim são, mas são os nossos juízos que nos pertencem e nos enganam.

Ora, dissemos anteriormente, e segue-se do que acabamos de dizer, que cada substância é como um mundo à parte, independentemente de qualquer outra coisa fora de Deus; assim, todos os nossos fenômenos, quer dizer, tudo o que nos possa alguma vez acontecer, são apenas consequências do nosso ser. E como esses fenômenos guardam certa ordem conforme à nossa natureza, ou, por assim dizer, ao mundo que está em nós, que faz com que possamos fazer observações úteis para regular nossa conduta, que são justificadas pelo sucesso dos fenômenos futuros, e que assim possamos frequentemente julgar o futuro pelo passado sem nos enganarmos, isso bastaria para dizer que esses fenômenos são verdadeiros sem nos afligirmos de que estejam fora de nós e se outros também os apercebem.

No entanto é muito verdadeiro que as percepções ou as expressões de todas as substâncias entrecorrespondem-se, de sorte que, cada uma, seguindo com cuidado certas razões ou leis que observou, encontre-se com a outra que faça o mesmo, como quando várias pessoas, tendo combinado de encontrarem-se juntas em algum lugar em certo dia prefixado, fazem-no efetivamente se quiserem.

Ora, conquanto todos exprimam os mesmos fenômenos, não é por isso que as suas expressões sejam perfeitamente semelhantes, mas é suficiente que elas sejam proporcionais; como vários espectadores creem ver a mesma coisa e, com efeito, entreouvem-se, conquanto cada um veja e fale segundo a medida da sua visão.

Ora, só há Deus (de quem todos os indivíduos emanam continuamente, e que vê o universo não somente como eles o veem, mas ainda de maneira completamente diferente de todos eles) que seja a causa dessa correspondência de seus fenômenos e que faça com que o que é particular para um seja público para todos; de outra maneira não haveria ligação.

Poderia ser dito, portanto, de certa forma e em um bom sentido, conquanto afastado do usual, que uma substância particular nunca atua sobre outra substância particular, tampouco dela padece, se se considerar que o que acontece a cada uma é apenas uma consequência de sua ideia ou noção completa somente, porquanto essa ideia já encerra todos os predicados ou acontecimentos e exprime todo o universo.

Com efeito, nada nos pode acontecer além de pensamentos e percepções, e todos os nossos pensamentos e percepções futuros não passam de consequências, conquanto contingentes, dos nossos pensamentos e percepções precedentes, de tal maneira que se eu fosse capaz de considerar distintamente tudo o que me acontece ou aparece nessa hora, eu poderia ver tudo o que me acontecerá ou me aparecerá por todo o sempre, o que não faltaria, e me aconteceria da mesma maneira, quando tudo o que está fora de mim fosse destruído, desde que não restasse senão Deus e eu. Mas como nós atribuímos a outras coisas como a causas agindo sobre nós o que nós apercebemos de certa maneira, é preciso considerar o fundamento desse juízo e o que há de verdadeiro nele.

XV

A ação de uma substância finita sobre outra consiste apenas no aumento do grau de sua expressão junto à diminuição do da outra, enquanto Deus as obriga a acomodarem-se juntas

Sem entrar em uma longa discussão, basta por ora, para conciliar a linguagem metafísica com a prática, notar que nós nos atribuímos mais, e com razão, os fenômenos que exprimimos mais perfeitamente, e atribuímos às outras substâncias o que cada uma exprime melhor.

Assim, uma substância de extensão infinita, enquanto exprime tudo, torna-se limitada pela maneira da sua expressão mais ou menos perfeita. É, portanto, assim que se pode conceber que as substâncias impeçam-se mutuamente ou limitem-se, e, por conseguinte, nesse sentido pode-se dizer que elas agem umas sobre as outras e são obrigadas, por assim dizer, a acomodarem-se entre si, pois pode acontecer que uma mudança que aumente a expressão de uma diminua a da outra.

Ora, a virtude de uma substância particular é exprimir bem a glória de Deus, e é por isso que ela é menos limitada. E cada coisa, quando exerce a sua virtude ou a sua potência, isto é, quando age, muda para melhor e estende-se enquanto age; quando, então, acontece uma mudança na qual várias substâncias são afetadas (como efetivamente toda mudança toca a todas), creio que se possa dizer que aquela que imediatamente passe a um maior grau de perfeição ou a uma expressão mais perfeita exerça sua potência e *aja*, e aquela que passe a um menor grau revele sua fraqueza e *padeça*.

Também mantenho que toda ação de uma substância que tenha perfeição importe em alguma volúpia, e toda paixão em alguma dor, e vice-versa. No entanto pode muito bem acontecer que uma vantagem presente seja destruída por um mal muito maior em seguida; donde vem que se possa pecar agindo ou exercendo sua potência e nisso encontrando prazer.

XVI

O concurso extraordinário de Deus está compreendido no que a nossa essência exprime, pois essa expressão estende-se a tudo, mas ultrapassa as forças da nossa natureza ou a nossa expressão distinta, a qual é finita, e segue certas máximas subalternas

Só resta agora explicar como é possível que Deus tenha, às vezes, influência sobre os homens ou sobre as outras substâncias por um concurso extraordinário e miraculoso, porquanto parece que nada lhes pode acontecer de extraordinário ou de sobrenatural, visto que todos os seus eventos são apenas consequências da sua natureza.

Mas é preciso lembrar-se do que dissemos anteriormente em relação aos milagres do universo, que são sempre conformes à lei universal da ordem geral, conquanto estejam acima das máximas subalternas. E, sobretudo, porque qualquer pessoa ou substância é como um pequeno mundo que exprime o grande, pode-se dizer, da mesma maneira, que a ação extraordinária de Deus sobre uma substância não deixa de ser miraculosa, embora seja compreendida na ordem geral do universo, enquanto expressado pela essência ou pela noção individual dessa substância. Eis por que se compreendermos na nossa natureza tudo o que ela expressa, nada lhe é sobrenatural, pois ela estende-se a tudo, um efeito exprimindo sempre a sua causa e Deus sendo a verdadeira causa das substâncias.

Mas como o que a nossa natureza expressa mais perfeitamente pertence-lhe de uma maneira particular, porquanto é nisso que a sua potência consiste, e ela é limitada, como acabo de explicar, há muitas coisas que ultrapassam as forças da nossa natureza, e mesmo aquelas de todas as naturezas limitadas.

Por conseguinte, a fim de falar mais claramente, digo que os milagres e os concursos extraordinários de Deus têm de peculiar o fato de não poderem ser previstos pelo raciocínio de algum espírito criado por mais esclarecido que seja, porque a compreensão distinta da ordem geral ultrapassa-os, ao passo que tudo o que chamamos de natural depende das máximas menos gerais que as criaturas podem compreender.

Portanto, a fim de que as palavras sejam tão irrepreensíveis quanto o sentido, seria bom ligar certas maneiras de falar a certos pensamentos, e poderia ser chamado de nossa essência o que compreende tudo o que exprimimos, e como ela exprime a nossa união com o próprio Deus, não tem limites e nada a ultrapassa. Mas o que é limitado em nós poderá ser chamado de nossa natureza ou nossa potência, e, a esse respeito, o que ultrapassa as naturezas de todas as substâncias criadas é sobrenatural.

XVII

Exemplo de uma máxima subalterna ou lei da natureza, em que é demonstrado, contra os cartesianos e vários outros, que Deus conserva sempre a mesma força, mas não a mesma quantidade de movimento

Várias vezes já fiz menção das máximas subalternas ou leis da natureza, e parece que seria bom dar um exemplo delas.

Comumente, os nossos novos filósofos servem-se dessa famosa regra, qual seja a de que Deus conserva sempre a mesma quantidade de movimento no mundo. Com efeito, ela é muito plausível, e no passado eu tinha-a por indubitável. Mas, depois, reconheci em que consiste o erro.

É que o Sr. Descartes – e muitos outros hábeis matemáticos – acreditaram que a quantidade de movimento, isto é, a velocidade multiplicada pela grandeza do móvel, convém inteiramente à força motriz, ou, para falar geometricamente, que as forças são em razão compostas das velocidades e dos corpos.

Ora, é razoável que a mesma força seja sempre conservada no universo. Além disso, quando se presta atenção nos fenômenos, vê-se bem que o movimento perpétuo mecânico não acontece, porque, assim, a força de uma máquina, que é sempre um pouco diminuída pela fricção e deve logo terminar, se restauraria e, por consequência, aumentaria por ela mesma sem qualquer impulso novo de fora; e nota-se também que a força de um corpo só é diminuída na medida em que ele a dá a quaisquer corpos contíguos ou às suas próprias partes dado que elas tenham um movimento à parte.

Assim, acreditaram que o que se pode dizer da força poderia ser dito também da quantidade de movimento. Porém, para mostrar sua diferença, *suponho* que um corpo, caindo de uma certa altura, adquira a força de subir de novo até ela, se a sua direção assim o levar, a menos que encontre algum impedimento: por exemplo, um pêndulo voltaria a subir perfeitamente à altura da qual desceu se a resistência do ar e outros pequenos obstáculos não diminuíssem um pouco a sua força adquirida. *Suponho*, também, que é preciso tanta força para elevar um corpo *A*, de uma libra, à altura *CD* de quatro toesas, quanto para elevar um corpo *B*, de quatro libras, à altura *EF* de uma toesa. Tudo isso é admitido pelos nossos novos filósofos.

É, portanto, manifesto, que o corpo *A*, tendo caído da altura *CD*, adquiriu tanta força, precisamente como o corpo *B*, caído da altura *EF*, pois o corpo *B*, tendo chegado a *F* e aí tendo força para subir novamente até *E* (pela primeira suposição), tem, por conseguinte, a força de levar um corpo de quatro libras, isto é, o seu próprio corpo, à altura *EF* de uma toesa, e da mesma forma, o corpo *A*, tendo chegado a *D* e aí tendo força para voltar a subir até *C*, tem a força de levar um corpo de uma libra, isto é, o seu próprio corpo, à altura *CD* de quatro toesas. Logo (pela segunda suposição), a força desses dois corpos é igual.

Vejamos, agora, se a quantidade de movimento também é a mesma de ambos os lados; mas é aí que se ficará surpreso de encontrar uma diferença grandíssima.

Foi demonstrado por Galileu que a velocidade adquirida pela queda *CD* tem o dobro da velocidade adquirida pela queda *EF*, conquanto a altura seja quádrupla. Multipliquemos, então, o corpo *A*, que é como 1, pela sua velocidade, que é como 2, e o produto ou a quantidade de movimentos será como 2; por outro lado, multipliquemos o corpo *B*, que é como 4, pela sua velocidade, que é como 1, e o produto ou a quantidade de movimento será como 4. Logo, a quantidade de movimento do corpo *A* no ponto *D* é a metade da quantidade de movimento do corpo *B* no ponto *F*, e, no entanto, suas forças são iguais; portanto há muita diferença entre a quantidade de movimento e a força, o que era preciso demonstrar.

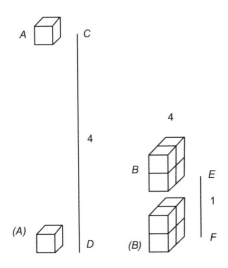

Vê-se, assim, como a força deve ser estimada pela quantidade do efeito que ela pode produzir; por exemplo, pela altura à qual um corpo pesando uma certa grandeza e espécie pode ser elevado, o que é bem diferente da velocidade que se lhe pode dar. E para lhe dar o dobro da velocidade é necessário mais do que o dobro da força.

Nada é mais simples do que essa prova. E o Sr. Descartes só caiu aqui no erro porque confiou demais em seus pensamentos, mesmo quando não estavam ainda assaz maduros. E eu me espanto com o fato de seus sectários não terem depois se apercebido desse erro, e receio que comecem, pouco a pouco, a imitar alguns peripatéticos, dos quais escarnecem, e que se acostumem, como eles, a consultarem os livros de seu mestre antes que a razão e a natureza.

XVIII

A distinção entre força e quantidade de movimento é importante, entre outras coisas, para julgar que é preciso recorrer a considerações metafísicas separadas da extensão a fim de explicar os fenômenos dos corpos

Essa consideração da força distinguida da quantidade de movimento é assaz importante, não somente na física e na mecânica, para encontrar as verdadeiras leis da natureza e as regras do movimento, e até mesmo para corrigir vários erros de práticas que se imiscuíram nos escritos de alguns hábeis matemáticos, mas também na metafísica, para melhor entender os princípios, pois o movimento, se não for considerado o que compreende precisa e formalmente é, ou seja, uma mudança de lugar, não é uma coisa inteiramente real, e, quando vários corpos mudam de situação entre eles, não é possível determinar, pela simples consideração dessas mudanças, a qual, entre eles o movimento ou o repouso, deve ser atribuído, como eu poderia demonstrar geometricamente, se eu nisso quisesse me deter agora.

Mas a força ou causa próxima dessas mudanças é algo mais real, e há bastante fundamento para atribuí-la a um corpo em vez de outro; aliás, só por isso podemos conhecer a qual o movimento pertence mais.

Ora, essa força é algo diferente da grandeza, da figura e do movimento, e pode-se julgar por isso que tudo o que seja concebido no corpo não consista unicamente na extensão e nas suas modificações, como os nossos modernos persuadem-se.

Assim, ainda somos obrigados a restabelecer alguns entes ou formas que eles baniram. E parece cada vez mais, conquanto todos os fenômenos particulares da natureza possam ser explicados matemática ou mecanicamente por aqueles que os entendem, que, no entanto, os princípios gerais da natureza corporal e da própria mecânica sejam antes metafísicos do que geométricos, e pertençam antes a algumas formas ou naturezas indivisíveis, como causas das aparências, do que à massa corpórea ou extensa. Reflexão que é capaz de reconciliar a filosofia mecânica dos modernos com a circunspecção de algumas pessoas inteligentes e bem-intencionadas, que receiam, com alguma razão, que se afaste demais dos entes imateriais em prejuízo da piedade.

XIX

Utilidade das causas finais na física

Como não gosto de julgar mal as pessoas, não acuso os nossos novos filósofos que pretendem banir as causas finais da física, mas sou, não obstante, obrigado a reconhecer que as consequências desse sentimento parecem-me perigosas, sobretudo quando as associo àquele que refutei no começo deste discurso, que parece chegar a eliminá-las totalmente, como se Deus, ao agir, não se propusesse nenhum fim nem bem, ou como se o bem não fosse o objeto da sua vontade.

Mantenho, ao contrário, que aí seja onde é preciso buscar o princípio de todas as existências e leis da natureza, porque Deus sempre se propõe o melhor e o mais perfeito. Estou disposto a admitir que estamos sujeitos a nos enganarmos quando pretendemos determinar os fins ou os conselhos de Deus, mas só quando os pretendemos limitar a algum desígnio particular, acreditando que Ele só teve em vista uma única coisa, ao passo que Ele tem, ao mesmo tempo, atenção a tudo; como quando cremos que Deus fez o mundo exclusivamente para nós é um grande engano, conquanto seja muito verdadeiro que Ele o tenha feito inteiramente para nós, e que nada haja no universo que não nos diga respeito e que tampouco acomode-se às considerações que Ele tem por nós, segundo os princípios supracitados.

Assim, quando vemos um bom efeito ou uma perfeição que provenha ou decorra das obras de Deus, podemos dizer seguramente que Deus propôs-se a fazê-lo. Ele nada faz por acaso, e não é semelhante a nós, a quem Ele escapa por vezes de fazer bem.

É por isso que bem longe de podermos errar nesse assunto, como fazem os políticos indignados que imaginam demasiado refinamento nos desígnios dos príncipes, ou como fazem os comentadores que procuram demasiada erudição em seu autor; não se poderia atribuir desmedidas reflexões a essa sabedoria infinita e não há nenhuma matéria em que haja menos erro a temer enquanto não se faça mais do que afirmar, e desde que se abstenha aqui das proposições negativas que limitam os desígnios de Deus.

Todos aqueles que veem a admirável estrutura dos animais veem-se levados a reconhecer a sabedoria do autor das coisas, e aconselho àqueles que tenham algum sentimento de piedade e mesmo de verdadeira filosofia, a se afastarem das frases de alguns espíritos demasiadamente pretensiosos, que dizem que vemos porque acontece de termos olhos, sem que os olhos tenham sido feitos para ver.

Quando se está seriamente nesses sentimentos que dão tudo à necessidade da matéria ou a um certo acaso (conquanto ambos devam parecer ridículos para aqueles que entendem o que explicamos), é difícil que se possa reconhecer um autor inteligente da natureza.

O efeito deve corresponder à sua causa, e até mesmo ele conhece-se melhor pelo conhecimento da causa, e é irrazoável introduzir uma inteligência soberana ordenadora das coisas e depois, em vez de empregar sua sabedoria, servir-se exclusivamente das propriedades da matéria para explicar os fenômenos. Como se, para explicar uma conquista que um grande príncipe fez ao tomar qualquer praça de importância, um historiador dissesse que é porque os corpúsculos da pólvora de canhão, sendo liberados ao contato com uma faísca, escaparam com uma velocidade capaz de atirar um corpo duro e pesado contra as muralhas da praça, enquanto os ramos dos corpúsculos que compõem o cobre do canhão estivessem suficientemente bem entrelaçados para não se dissociarem por essa velocidade; em vez de nos mostrar como a previdência do conquistador fez-lhe escolher o tempo e os meios convenientes, e como o seu poder superou todos os obstáculos.

XX

Passagem notável de Sócrates em Platão contra os filósofos demasiado materiais

Isso faz-me lembrar de uma bela passagem de Sócrates no *Fédon*, de Platão, que é maravilhosamente conforme aos meus sentimentos sobre esse ponto e parece ser feita de propósito contra os nossos filósofos sobremodo materiais. Ainda, essa relação deu-me vontade de traduzi-la, conquanto seja um pouco longa; talvez essa amostra possa dar ocasião a alguém de partilhar conosco muitos outros pensamentos belos e sólidos que se encontram nos escritos desse famoso autor.

Inseratur locus ex Phaedone *Platonis ubi Socrates Anaxagoram irridet, qui mentem introducit nec ea utitur* (Inserir a passagem do *Fédon* de Platão em que Sócrates zomba de Anaxágoras, que introduz o espírito, mas não o usa) [*sic.*].

Eu ouvi um dia, diz ele, alguém ler em um livro de Anaxágoras, em que havia estas palavras, que um ser inteligente era causa de todas as coisas e que ele as tinha disposto e ornado. Isso me comprazeu extremamente, porque eu acreditava que se o mundo fosse o efeito de uma inteligência, tudo seria feito da maneira mais perfeita possível. Eis por que eu acreditava que aquele que quisesse explicar a razão pela qual as coisas engendram-se ou perecem ou subsistem deveria pesquisar o que seria conveniente à perfeição de cada coisa. Assim, o homem só teria que considerar em si ou em qualquer outra coisa o que seria o melhor e o mais perfeito. Pois aquele que conhecesse o mais perfeito, por conseguinte julgaria facilmente o que fosse imperfeito, porque só há uma mesma ciência de um e do outro.

Considerando tudo isso, regozijava-me de ter encontrado um mestre que pudesse ensinar as razões das coisas; por exemplo, se a Terra era antes redonda do que plana e por que tinha sido melhor que ela fosse assim do que de outro modo. Além disso, esperava que, dizendo que a Terra está no centro do universo, ou não, ele me explicasse por que isso tem sido o mais conveniente. E que ele me dissesse tanto do sol, da lua, das estrelas e dos seus movimentos... E que, enfim, após ter mostrado o que seria conveniente a cada coisa em particular, mostrasse-me o que seria o melhor em geral.

Cheio dessa esperança, tomei e percorri os livros de Anaxágoras com grande avidez, mas me achei bem afastado da minha conta, pois fiquei surpreso ao ver que ele não se servia dessa inteligência governadora que ele havia avançado, que ele já não falava do ornamento nem da perfeição das coisas, e que introduzia certas matérias etéreas pouco verossímeis. No que fazia como aquele que tendo dito que Sócrates faz as coisas com inteligência, e vindo em seguida a explicar, em particular, as causas de suas ações, dissesse estar sentado aqui por ter um corpo composto de ossos, de carne e de nervos, que os ossos são sólidos, mas têm intervalos ou articulações, que os nervos podem ser tensionados e relaxados, e por isso o corpo é flexível, e, enfim, que estou sentado. Ou se, querendo justificar este presente discurso, recorresse ao ar, aos órgãos da voz e da audição, e coisas semelhantes, esquecendo, no entanto, as verdadeiras causas, a saber, que os atenienses acreditaram que seria melhor condenar-me do que me absolver, e que eu mesmo acreditei ser melhor permanecer sentado aqui do que fugir. Pois minha fé, sem isso, há muito que esses nervos e esses ossos estariam junto dos Beócios e dos Megários, se eu não tivesse achado que é mais justo e honesto para mim sofrer a pena que a pátria quer impor-me do que viver alhures, vagabundo e exilado. Por isso é irrazoável chamar esses ossos e esses nervos e seus movimentos de causas.

É verdade que aquele que dissesse que eu não poderia fazer tudo isso sem ossos e sem nervos teria razão, mas uma coisa é a verdadeira causa e outra coisa é apenas uma condição sem a qual a causa não poderia ser causa. As pessoas que dizem somente, por exemplo, que o movimento de rotação dos corpos sustenta a Terra onde ela está, esquecem que a potência divina dispõe tudo da mais bela maneira e não compreendem que é o bem e o belo que juntam, que formam e que mantêm o mundo. Até aqui, Sócrates.

XXI

Se as regras mecânicas dependessem exclusivamente da geometria sem a metafísica, os fenômenos seriam totalmente diferentes

Ora, porquanto sempre se reconheceu a sabedoria de Deus no pormenor da estrutura mecânica de alguns corpos particulares, é preciso que ela seja mostrada também na economia geral do mundo e na constituição das leis da natureza. O que é tão verdadeiro, que se observam os conselhos dessa sabedoria nas leis do movimento em geral.

Se só houvesse no corpo uma massa extensa, se só houvesse no movimento a mudança de lugar e se tudo se devesse e pudesse deduzir exclusivamente dessas definições por uma necessidade geométrica, disso se seguiria, como já demonstrei alhures, que o menor corpo daria ao maior que estivesse em repouso e que ele encontrasse a mesma velocidade que ele tem, sem perder o que quer que seja da sua, e seria preciso admitir muitas outras regras tais, totalmente contrárias à formação de um sistema. Mas o decreto da sabedoria divina de conservar sempre a mesma força e a mesma direção em suma, proveu-o.

Acho mesmo que vários efeitos da natureza podem ser demonstrados duplamente, a saber: pela consideração da causa eficiente e, ainda à parte, pela consideração da causa final, servindo-se, por exemplo, do decreto de Deus de sempre produzir seu efeito pelas vias mais fáceis e as mais determinadas, como demonstrei alhures, ao justificar as regras da catóptrica e da dióptrica; sobre esse assunto falarei mais em breve.

XXII

Conciliação das duas vias pelas finais e pelas eficientes para satisfazer tanto aqueles que explicam a natureza mecanicamente como aqueles que recorrem a naturezas incorpóreas

É bom fazer essa observação para conciliar aqueles que esperam explicar mecanicamente a formação da primeira textura de um animal e de toda a máquina das partes com aqueles que explicam essa mesma estrutura pelas causas finais.

Ambas as explicações são boas, ambas podem ser úteis, não somente para se admirar o artifício do grande operário, mas também para descobrir algo útil na física e na medicina. E os autores que seguem essas vias diferentes não deveriam maltratar-se.

Vejo que aqueles que se empenham em explicar a beleza da divina anatomia caçoam dos outros, que imaginam que um movimento de certos fluidos, que parece fortuito, possa fazer uma tão bela variedade de membros, e chamam essas pessoas de temerárias e leigas. E estas, ao contrário, chamam os primeiros de simplórios e supersticiosos, semelhantemente àqueles antigos que tomavam os físicos por ímpios quando sustentavam que não é Júpiter que trovoa, mas alguma matéria que se encontra nas nuvens.

O melhor seria juntar ambas as considerações, pois se é permitido servir-se de uma comparação grosseira, reconheço e exalto a destreza de um operário não somente mostrando quais desígnios ele teve ao fazer as peças de sua máquina, mas explicando os instrumentos dos quais se serviu para fazer cada peça, sobretudo quando esses instrumentos são simples e engenhosamente inventados.

Deus é um artesão bastante hábil para produzir uma máquina mil vezes ainda mais engenhosa do que aquela do nosso corpo servindo-se apenas de alguns licores bastante simples, expressamente formados de maneira que só sejam necessárias as leis ordinárias da natureza para desembaraçá-los como é preciso a fim de produzir um efeito tão admirável; porém também é verdade que isso não aconteceria se Deus não fosse o autor da natureza.

No entanto acho que a via das causas eficientes, que é realmente mais profunda e, de certa forma, mais imediata e, *a priori* é, em contrapartida, bastante difícil quando se vai ao pormenor, e creio que os nossos filósofos frequentemente ainda estão bem distanciados dela. Já a via das finais é mais fácil e não deixa de servir regularmente para adivinhar verdades importantes e úteis, e procuraríamos por muito tempo esse outro caminho mais físico, do qual a anatomia pode fornecer exemplos consideráveis.

Também mantenho que Snellius, que foi o primeiro inventor das regras da refração, demoraria mais a encontrá-las se primeiramente quisesse pesquisar como a luz é formada. Mas aparentemente ele seguiu o método do qual os antigos serviram-se para a catóptrica, que é, de fato, pelas finais. Ao buscar a via mais fácil para conduzir um feixe de luz de um ponto dado a outro ponto dado pela reflexão de um plano dado (supondo-se que seja o desígnio da natureza), acharam a igualdade dos ângulos de incidência e de reflexão, como se pode ver em um pequeno tratado de Heliodoro de Larissa e alhures, o que o Sr. Snellius, como creio, e depois dele (conquanto sem nada saber dele), o Sr. Fermat, aplicaram mais engenhosamente à refração.

Sempre que os raios observam nos mesmos meios a mesma proporção dos senos, que é também aquela das resistências dos meios, vê-se que é a via mais fácil ou, pelo menos, a mais determinada para passar de um ponto dado em um meio a um ponto dado em um outro. E falta muito para que a demonstração desse mesmo teorema, que o Sr. Descartes pretendeu oferecer pela via das eficientes, seja tão boa. Pelo menos há razões para suspeitar-se de que ele jamais a teria encontrado por aí se, na Holanda, ele nada tivesse aprendido da descoberta de Snellius.

XXIII

Para voltar às substâncias imateriais, explica-se como Deus age sobre o entendimento dos espíritos e se se tem sempre a ideia do que se pensa

Achei oportuno insistir um pouco nessas considerações das finais, das naturezas incorpóreas e de uma causa inteligente com relação aos corpos, para demonstrar seu uso até mesmo na física e nas matemáticas, a fim de purgar, por um lado, a filosofia mecânica da profanidade que se lhe imputa, e, por outro, elevar o espírito dos nossos filósofos de considerações materiais somente a meditações mais nobres.

Agora, é conveniente retornar dos corpos às naturezas imateriais e particularmente aos espíritos, e dizer algo da maneira da qual Deus serve-se para esclarecê-los e agir sobre eles, no que não se deve duvidar de que também haja certas leis da natureza, das quais poderei falar mais amplamente em outro lugar. Por ora, bastará abordar alguma coisa acerca das ideias, e se vemos todas as coisas em Deus e como Deus é nossa luz.

Agora, é oportuno observar que o mau uso das ideias ocasiona numerosos erros. Ora, quando se raciocina sobre alguma coisa, imagina-se ter uma ideia dessa coisa, e é o fundamento sobre o qual alguns filósofos antigos e novos edificaram certa demonstração de Deus que é bastante imperfeita.

Dizem eles, é preciso que eu tenha uma ideia de Deus ou de um ser perfeito, porquanto eu penso nele, e não se poderia pensar sem ideia; ora, a ideia desse ser encerra todas as perfeições, e a existência é uma delas, por conseguinte, Ele existe. Mas como nós pensamos frequentemente em quimeras impossíveis, por exemplo, no último grau da velocidade, no maior de todos os números no encontro da concoide com a sua base ou regra, esse raciocínio não é suficiente. É, portanto, nesse sentido que se pode dizer que há ideias verdadeiras e falsas, segundo a coisa de que se trate seja possível ou não. E é, então, que alguém pode gabar-se de ter uma ideia da coisa sempre que esteja seguro de sua possibilidade.

Assim, o argumento supracitado prova, pelo menos, que Deus existe necessariamente, se for possível. O que é, com efeito, um excelente privilégio da natureza divina, o de precisar apenas da sua possibilidade ou essência para existir atualmente, e é justamente o que se chama de *ens a se* (um ser por si).

XXIV

O que é conhecimento claro ou obscuro; distinto ou confuso; adequado e intuitivo; ou supositivo. Definição nominal, real, causal, essencial

Para melhor entender a natureza das ideias é preciso tocar algo da variedade dos conhecimentos. Quando posso reconhecer uma coisa entre outras sem poder dizer em que consistem suas diferenças ou propriedades, o conhecimento é *confuso*. É assim que às vezes conhecemos *claramente*, sem dúvida alguma, se um poema ou mesmo um quadro estão bem ou mal feitos, porque há um *não sei quê* que nos satisfaz ou que nos choca. Mas quando posso explicar as marcas que tenho, o conhecimento chama-se *distinto*. E tal é o conhecimento de um experimentador, que discerne o verdadeiro do falso mediante certas provas ou marcas que constituem a definição do outro.

Porém o conhecimento distinto tem graus, pois ordinariamente as noções que entram na definição precisariam elas mesmas de definição e só são conhecidas confusamente. No entanto quando tudo o que entra em uma definição ou em um conhecimento distinto é conhecido distintamente, até as noções primitivas, chamo esse conhecimento de *adequado*. E quando o meu espírito compreende ao mesmo tempo e distintamente todos os ingredientes primitivos de uma noção, ele tem dela um conhecimento *intuitivo*, que é bem raro, pois a maior parte dos conhecimentos humanos são somente confusos ou *supositivos*.

É bom também discernir entre as definições nominais e as reais: chamo de *definição nominal* quando se pode ainda duvidar se a noção definida é possível; por exemplo, se digo que um parafuso sem fim é uma linha sólida cujas partes são congruentes ou podem incidir uma sobre a outra; aquele que, aliás, não conhece o que é um parafuso sem fim poderá duvidar se tal linha é possível, embora, de fato, essa seja uma propriedade recíproca do parafuso sem fim, pois as outras linhas, cujas partes são congruentes (que são apenas a circunferência do círculo e a linha reta), são planas, quer dizer, podem ser descritas *in plano*.

Isso demonstra que qualquer propriedade recíproca pode servir a uma definição nominal, mas quando a propriedade revela a possibilidade da coisa, ela produz a definição real; e enquanto tem-se apenas uma definição nominal, não se pode assegurar das consequências que dela é retirada, pois, se ela ocultasse alguma contradição ou impossibilidade, dela poderiam ser tiradas conclusões opostas.

Eis por que as verdades não dependem dos nomes nem são arbitrárias, como alguns novos filósofos acreditaram. De resto, há ainda muita diferença entre as espécies de definições reais, pois, quando a possibilidade é provada exclusivamente pela experiência, como na definição do mercúrio, cuja possibilidade se conhece porque se sabe que um tal corpo, que é um fluido, extremamente pesado e, no entanto, assaz volátil, é efetivamente encontrado, a definição é somente *real* e nada mais; porém, quando a prova da possibilidade faz-se *a priori*, a definição é ainda *real* e *causal*, como quando ela contém a geração possível da coisa; e quando ela leva a análise até o fim, até as noções primitivas, sem nada supor que tenha necessidade de prova *a priori* de sua possibilidade, a definição é perfeita ou *essencial*.

XXV

Em que caso nosso conhecimento é juntado à contemplação da ideia

Ora, é manifesto que não temos nenhuma ideia de uma noção quando ela é impossível. E sempre que o conhecimento é apenas *supositivo*, quando teríamos a ideia, nós não a contemplamos, pois tal noção só se conhece da mesma maneira que as noções ocultamente impossíveis, e se ela é possível, não é por essa maneira de conhecer que se a aprende.

Por exemplo, sempre que penso em mil ou em um quilógono, eu amiúde faço-o sem contemplar a ideia dele (como sempre que digo que mil é dez vezes cem), sem me dar o trabalho de pensar o que é dez e cem, porque *suponho* sabê-lo e não creio precisar no momento parar para concebê-lo. Assim, poderá muito bem acontecer, como acontece com efeito assaz amiúde, que eu me engane acerca de uma noção que suponho ou creio entender, conquanto, na verdade, ela seja impossível, ou, pelo menos, incompatível com as outras às quais eu a junto, e quer eu me engane ou não, essa maneira supositiva de conceber permanece a mesma. Só quando o nosso conhecimento é *claro* nas noções confusas, ou quando é *intuitivo* nas distintas, é que nele vemos a ideia inteira.

XXV

Em que caso nos s'é contlhe mereito e jantado à
contemplação da ideia

XXVI

**Que temos em nós todas as ideias;
e da reminiscência de Platão**

Para bem conceber o que é uma ideia é preciso evitar um equívoco, pois muitos tomam a ideia pela forma ou pela diferença de nossos pensamentos, e dessa maneira nós só temos a ideia no espírito enquanto pensamos nela, e todas as vezes que pensamos nela de novo nós temos outras ideias da mesma coisa, conquanto semelhantes às precedentes.

Porém parece que outros tomam a ideia por um objeto imediato do pensamento ou por alguma forma permanente, que permanece mesmo quando não a contemplamos. E, com efeito, nossa alma sempre tem nela a qualidade de representar qualquer natureza ou forma que seja, quando se apresenta a ocasião de pensar nela. Acredito que essa qualidade de nossa alma, enquanto exprime qualquer natureza, forma ou essência, é propriamente a ideia da coisa, que está em nós e que está sempre em nós, quer nela pensemos ou não.

Nossa alma exprime Deus e o universo e todas as essências, assim como todas as existências. Isso vai ao encontro dos meus princípios, pois naturalmente nada nos entra no espírito de fora, e é um mau hábito que nós temos de pensar como se a nossa alma recebesse quaisquer espécies mensageiras e como se ela tivesse portas e janelas.

Nós temos na mente todas essas formas, e as temos desde sempre, porque a mente sempre exprime todos os seus pensamentos futuros e já pensa confusamente em tudo o que um dia pensará distintamente. E nada nos poderia ser ensinado cuja ideia não tenhamos já no espírito, ideia essa que é como a matéria da qual esse pensamento é formado.

É o que Platão considerou excelentemente bem quando avançou sua reminiscência, que tem muita solidez, desde que se a compreenda bem, que se a purgue do erro da preexistência e que não se imagine que a alma deva já ter sabido e pensado distintamente outrora o que ela aprende e pensa agora.

Ele também confirmou seu sentimento por uma bela experiência, introduzindo um rapazinho que leva insensivelmente a verdades muito difíceis da geometria tocantes aos incomensuráveis, sem nada lhe ensinar, fazendo somente perguntas por ordem e a propósito, o que demonstra que a nossa alma sabe tudo isso virtualmente, e só precisa de *animadversion* para conhecer as verdades, e, por consequência, que ela pelo menos tem suas ideias, das quais essas verdades dependem. Pode-se até mesmo dizer que ela já tenha tais verdades quando as toma por relações de ideias.

XXVII

Como nossa alma pode ser comparada a folhas de papel em branco e como nossas noções provêm dos sentidos

Aristóteles preferiu comparar a nossa alma a folhas de papel ainda em branco, em que há espaço para escrever, e sustentou que nada está no nosso entendimento que não venha dos sentidos. Isso está mais de acordo com as noções populares, como é a maneira de Aristóteles, ao passo que Platão vai mais fundo.

No entanto essas espécies de doxologias ou praticologias podem passar ao uso ordinário, mais ou menos como vemos que aqueles que seguem Copérnico não deixam de dizer que o sol levanta-se e põe-se. Eu amiúde acho mesmo que seja possível dar-lhes um bom sentido segundo o qual elas nada têm de falso, como já indiquei de que forma pode-se dizer verdadeiramente que as substâncias particulares agem umas sobre as outras e, nesse mesmo sentido, pode-se dizer também que recebemos de fora conhecimentos por intermédio dos sentidos, porque algumas coisas externas contêm ou exprimem mais particularmente as razões que determinam nossa alma a certos pensamentos.

Mas, quando se trata da exatidão das verdades metafísicas, é importante reconhecer a extensão e a independência da nossa alma, que vai infinitamente mais longe do que pensa o vulgar, conquanto no uso ordinário da vida só lhe seja atribuído o que se apercebe mais manifestamente e o que nos pertence de uma maneira particular, porque de nada serve ir mais adiante. Seria bom, no entanto, escolher termos próprios ambos os sentidos para evitar o equívoco. Assim, essas expressões que estão na nossa alma, quer as concebamos ou não, podem ser chamadas de *ideias*, mas aquelas que se concebem ou formam podem ser ditas noções, *conceptus*.

Porém, de qualquer maneira que se considere, é sempre falso dizer que todas as nossas noções provêm dos sentidos denominados exteriores, pois aquela que eu tenho de mim e dos meus pensamentos, e, por conseguinte, do ser, da substância, da ação, da identidade e de muitas outras coisas, provém de uma experiência interna.

XXVIII

Só Deus é o objeto imediato das nossas percepções, que existe fora de nós, e só Ele é a nossa luz

Ora, no rigor da verdade metafísica não há nenhuma causa externa que aja sobre nós, exceto Deus apenas, e somente Ele comunica-se conosco imediatamente em virtude da nossa dependência contínua. Disso infere-se que não há nenhum outro objeto externo que toque a nossa alma e que excite imediatamente a nossa percepção. Além disso, em nossa alma só temos as ideias de todas as coisas em virtude da ação contínua de Deus sobre nós, ou seja, porque todo efeito exprime sua causa, e, assim, a essência da nossa alma é uma certa expressão, ou imitação, ou imagem da essência, do pensamento e da vontade divinos e de todas as ideias aí compreendidas.

Pode-se, então, dizer que Deus é o nosso único objeto imediato fora de nós e que vemos todas as coisas por Ele; por exemplo, sempre que vemos o sol e os astros, foi Deus quem nos deu e conserva as ideias deles, e que nos determina a pensar nelas efetivamente, pelo seu concurso ordinário, no tempo em que os nossos sentidos estão dispostos de dada maneira, segundo as leis que Ele estabeleceu.

Deus é o sol e a luz das almas, *lumen illuminans omnem hominem venientem in hunc mundum* (luz que ilumina todo homem que vem a este mundo), e não é de hoje que se está nesse sentimento. A partir da Sagrada Escritura e dos Santos Padres, que sempre foram mais favoráveis a Platão do que a Aristóteles, lembro-me de ter notado outrora que, no tempo dos escolásticos, muitos acreditaram que Deus é a luz da alma, e, segundo a maneira dele de falar, *intellectus agens animae rationalis* (o intelecto agente da alma racional).

Os averroistas adulteraram-lhe o sentido, mas outros, entre os quais creio que se encontrem Guilherme de Saint-Amour e vários teólogos místicos, tomaram-no de uma maneira digna de Deus, capaz de elevar a alma ao conhecimento do seu bem.

XXIX

No entanto, pensamos imediatamente pelas nossas próprias ideias, e não pelas de Deus

Contudo não partilho o sentimento de alguns hábeis filósofos, que parecem sustentar que as nossas ideias mesmas estão em Deus, e de maneira nenhuma em nós. Na minha opinião, isso se deve ao fato de eles ainda não terem considerado suficientemente o que acabamos de explicar aqui no tocante às substâncias, nem a extensão e a independência da nossa alma, que faz com que ela encerre tudo o que lhe acontece e que exprima Deus, e, com Ele, todos os seres possíveis e atuais, como um efeito exprime a sua causa. Além disso, é uma coisa inconcebível que eu pense pelas ideias de outrem.

É preciso também que a alma seja afetada efetivamente de uma determinada maneira, sempre que ela pensar em alguma coisa, e é preciso que haja nela de antemão não só a potência passiva de poder ser afetada assim, a qual já está totalmente determinada, mas, ainda, uma potência ativa, em virtude da qual sempre tenha havido na sua natureza marcas da produção futura desse pensamento e das disposições a produzi-lo em seu tempo. Tudo isso já envolve a ideia compreendida nesse pensamento.

XXX

Como Deus inclina nossa alma sem dela necessitar; que não se tem o direito de queixar-se, que não se deve perguntar por que Judas peca, mas somente por que Judas, o pecador, é admitido à existência preferivelmente a algumas outras pessoas possíveis. Da imperfeição original antes do pecado e dos graus da graça

No que concerne à ação de Deus sobre a vontade humana há numerosas considerações, bastante difíceis, que seria longo desenvolver aqui. No entanto eis o que se pode dizer *grosso modo*.

Deus, concorrendo ordinariamente para as nossas ações, apenas segue as leis que estabeleceu, isto é, conserva e produz continuamente o nosso ser de modo a que os pensamentos nos cheguem espontânea ou livremente, na ordem da noção da nossa substância individual, na qual se podia prevê-los desde toda a eternidade.

Além disso, em virtude do decreto que Ele fez, de que a vontade tenderia sempre para o bem aparente, exprimindo ou imitando a vontade dele sob certos aspectos particulares, em relação aos quais esse bem aparente tem sempre algo de verdadeiro, Ele determina a nossa para a escolha do que parece melhor, sem, não obstante, necessitá-la.

Pois então, absolutamente falando, ela está na indiferença, desde que se a oponha à necessidade, e ela tem o poder de proceder de outra maneira ou, ainda, de suspender totalmente a sua ação, ambos os partidos sendo e permanecendo possíveis. Depende, portanto, de a alma se precaver contra as surpresas das aparências por uma firme vontade de refletir e de só agir ou julgar em certos encontros depois de ter deliberado bem e maduramente.

É verdadeiro, no entanto, e mesmo certo, desde toda a eternidade, que nenhuma alma se servirá desse poder em tal encontro. Mas quem o pode, no entanto? E pode ela queixar-se senão dela mesma? Pois todas essas queixas após o fato são injustas, quando teriam sido injustas antes do fato. Ora, essa alma, um pouco antes de pecar, de bom grado se queixaria de Deus como se Ele a determinasse ao pecado?

As determinações de Deus nessas matérias sendo coisas que não se poderiam prever, como ela sabe que está determinada a pecar, senão quando ela já peca efetivamente? Trata-se apenas de não querer, e Deus não poderia propor uma condição mais fácil e mais justa.

Também todos os juízes, sem procurar as razões que dispuseram um homem a ter uma má vontade, só se preocupam em considerar o quanto essa vontade é má. Mas pode ser que Ele esteja assegurado, desde toda a eternidade, de que eu pecarei? Respondei vós mesmos: pode ser que não; e, sem sonhar com o que não poderíeis conhecer e que não vos pode dar nenhuma luz, agi segundo o vosso dever que vós conheceis.

Porém, dirá algum outro, de onde vem que esse homem seguramente cometerá esse pecado? A resposta é fácil: é que, de outra maneira, não seria esse homem. Pois Deus vê, desde sempre, que existirá um certo Judas, cuja noção ou ideia que

Deus tem dele contém essa ação futura livre. Resta, portanto, apenas esta questão: por que um tal judas, o traidor, que só é possível na ideia de Deus, existe atualmente? Para essa questão não há resposta a esperar neste mundo, a não ser que, em geral, deva-se dizer que, porquanto Deus achou bom que ele existisse, não obstante o pecado que Ele previa, é preciso que esse mal se recompense com usura no universo, que Deus tire dele um bem maior, e que se descubra, em suma, que essa série de coisas na qual a existência desse pecador está compreendida, seja a mais perfeita entre todas as outras formas possíveis.

Porém não se pode explicar sempre a admirável economia dessa escolha enquanto formos viajantes neste mundo; é suficiente sabê-lo sem compreendê-lo. E é aqui que é tempo de reconhecer *altitudinem divitiarum* (a altitude das riquezas) a profundidade e o abismo da divina sabedoria, sem buscar uma pormenorização que envolva considerações infinitas.

Vê-se bem, no entanto, que Deus não é a causa do mal. Pois, não somente após a perda da inocência dos homens o pecado original apoderou-se da alma, mas anteriormente já havia uma limitação ou uma imperfeição original conatural a todas as criaturas, que as torna pecáveis ou capazes de falhar.

Assim, não há mais dificuldade em relação aos supralapsários do que em relação aos outros. E é a que se deve reduzir, na minha opinião, o sentimento de Santo Agostinho e outros autores, de que a raiz do mal está no nada, quer dizer, na privação ou na limitação das criaturas, que Deus remedeia graciosamente pelo grau de perfeição que lhe apraz dar.

Essa graça de Deus, seja ordinária ou extraordinária, tem seus graus e suas medidas; ela é sempre eficaz nela mesma para produzir determinado efeito proporcionado; ademais, ela é sempre suficiente, não somente para nos preservarmos do pecado, mas até mesmo para produzir a salvação, supondo-se que o homem dela participe pelo que lhe compete, mas ela nem sempre é suficiente para superar as inclinações do homem, pois de outra maneira ele não tenderia a mais nada, e isso é reservado exclusivamente à graça absolutamente eficaz que é sempre vitoriosa, quer por si, quer devido à congruência das circunstâncias.

XXXI

Dos motivos da eleição, da fé prevista, da ciência média, do decreto absoluto. E que tudo se reduz à razão pela qual Deus escolheu para a existência uma tal pessoa possível, cuja noção encerra certa série de graças e de ações livres, o que faz cessarem, de repente, as dificuldades

Enfim, as graças de Deus são graças totalmente puras, sobre as quais as criaturas nada têm a pretender. No entanto, como não é suficiente, para explicar a escolha feita por Deus na dispensação dessas graças, recorrer à previsão absoluta ou condicional das ações futuras dos homens, não se deve tampouco imaginar-se decretos absolutos que não tenham nenhum motivo razoável.

No que concerne à fé ou às boas obras previstas, é muito verdadeiro que Deus só elegeu aqueles cuja fé e caridade Ele previu, *quos se fide donaturum praescibit* (aqueles que Ele previu que se entregariam à fé), mas volta a mesma questão: por que Deus dará a uns e não a outros a graça da fé ou das boas obras?

E quanto a essa ciência de Deus, que é a previsão não da fé e das boas ações, mas de sua matéria e de sua predisposição, ou do que o homem para elas contribuiria de sua parte (porquanto é verdade que há diversidade da parte dos homens, onde há da parte da graça, e que, com efeito, é preciso que o homem, conquanto tenha necessidade de ser incitado ao bem e convertido, para tanto aja também posteriormente), parece para muitos que se poderia dizer que Deus, vendo o que o homem faria sem a graça ou sem a assistência extraordinária, ou, pelo menos, o que haverá de sua parte, fazendo-se abstração da graça, poderia resolver-se a dar a graça àqueles cujas disposições naturais fossem as melhores ou, pelo menos, as menos imperfeitas ou menos más.

Mas quando isso acontecesse, se poderia dizer que essas disposições naturais, na medida em que são boas, são ainda o efeito de uma graça, se bem que ordinária, Deus tendo favorecido uns mais do que outros; e porquanto Ele sabe bem que essas vantagens naturais que Ele dá servirão de motivo para a graça ou assistência extraordinária, segundo essa doutrina, não é verdadeiro que, enfim, o todo seja reduzido inteiramente à sua misericórdia?

Creio, então (porquanto não sabemos o quanto ou como Deus considera as disposições naturais na dispensação da graça), que o mais exato e o mais seguro seja dizer, segundo os nossos princípios e, como já observei, que é preciso que haja entre os entes possíveis a pessoa de Pedro ou de João, cuja noção ou ideia contém toda essa série de graças ordinárias e extraordinárias e todo o resto desses acontecimentos com suas circunstâncias, e que aprouve a Deus escolhê-la entre uma infinidade de outras pessoas igualmente possíveis, para existir atualmente; após isso, parece que não há mais nada a perguntar e que todas as dificuldades evanescem-se.

Então, quanto a essa única e grande pergunta, por que aprouve a Deus escolhê-la entre tantas outras pessoas possíveis, é preciso ser bem irrazoável para não se contentar com as razões gerais que demos, cujo pormenor ultrapassa-nos.

Assim, em vez de recorrer a um decreto absoluto que, sendo sem razão, é irrazoável, ou a razões que não conseguem resolver a dificuldade e precisam de outras razões, o melhor será dizer, de acordo com São Paulo, que Ele tem para isso certas grandes razões de sabedoria ou de congruência desconhecidas dos mortais e fundadas na ordem geral, cujo fim é a maior perfeição do universo, que Deus observou. É aonde voltam os motivos da glória de Deus e da manifestação de sua justiça, assim como da sua misericórdia, e geralmente de suas perfeições; e, enfim, essa profundidade imensa de riquezas das quais o mesmo São Paulo tinha a alma regozijada.

XXXII

Utilidade desses princípios em matéria de piedade e religião

De resto, parece que os pensamentos que nós acabamos de explicar, e, particularmente, o grande princípio da perfeição das operações de Deus e o da noção da substância que encerra todos os seus acontecimentos com todas as suas circunstâncias, bem longe de prejudicar, servem para confirmar a religião, para dissipar dificuldades muito grandes, para inflamar as almas de um amor divino, e para elevar os espíritos ao conhecimento das substâncias incorpóreas, bem mais do que as hipóteses que vimos até aqui.

Vê-se muito claramente que todas as outras substâncias dependem de Deus, assim como os pensamentos emanam da nossa substância, que Deus é tudo em todos, e que Ele está unido intimamente a todas as criaturas, embora na medida de suas perfeições, que é Ele o único que as determina de fora pela sua influência, e, se agir é determinar imediatamente, pode-se dizer nesse sentido, na linguagem metafísica, que só Deus opera sobre mim e só Ele pode fazer-me bem ou mal; as outras substâncias só contribuem à razão dessas determinações, porque Deus, considerando a todas, partilha suas bondades e obriga-as a acomodarem-se entre elas.

Além disso, só Deus estabelece a ligação e a comunicação das substâncias, e é por Ele que os fenômenos de umas encontram-se e harmonizam-se com os de outras, e, por conseguinte, há realidade nas nossas percepções. Mas, na prática, atribui-se a ação às razões particulares, no sentido que expliquei anteriormente, porque não é necessário fazer sempre menção da causa universal nos casos particulares.

Vê-se também que qualquer substância tem uma perfeita espontaneidade (que se torna liberdade nas substâncias inteligentes), que tudo o que lhe acontece é uma consequência da sua ideia ou do seu ser, e que nada a determina, exceto Deus somente. E é por isso que uma pessoa cujo espírito era muito elevado e cuja santidade é muito venerada tinha o costume de dizer que a alma deve frequentemente pensar como se só houvesse Deus e ela no mundo.

Ora, nada faz compreender mais fortemente a imortalidade do que essa independência e essa extensão da alma que a protege absolutamente de todas as coisas exteriores, porquanto ela sozinha faz todo o seu mundo e basta-se com Deus; e é tão impossível que ela pereça sem aniquilação, que é impossível que o mundo (do qual ela é uma expressão viva, perpétua) destrua a si mesmo. Ademais, não é possível que as mudanças dessa massa extensa chamada de corpo nada façam sobre a alma nem que a dissipação desse corpo destrua o que é indivisível.

XXXIII

Explicação da união da alma e do corpo, que passou por inexplicável ou miraculosa, e da origem das percepções confusas

Vê-se também o esclarecimento do grande mistério da *união da alma e do corpo*, isto é, como acontece que as paixões e as ações de um sejam acompanhadas das ações e paixões, ou, então, dos fenômenos convenientes do outro.

Não há meio de conceber que um tenha influência sobre o outro e não é razoável simplesmente recorrer à operação extraordinária da causa universal em uma coisa ordinária e particular. Mas eis a verdadeira razão: nós dissemos que tudo o que acontece à alma e a cada substância é uma consequência de sua noção, portanto a própria ideia ou essência da alma implica que todas as suas aparências ou percepções devam-lhe nascer (*sponte*) da sua própria natureza, e justamente de sorte a que elas respondam por elas mesmas ao que acontece em todo o universo, porém mais particular e perfeitamente ao que acontece no corpo que lhe é afetado, porque é, de certa forma e por um tempo, segundo a relação dos outros corpos com o seu, que a alma exprime o estado do universo.

Isso dá a conhecer ainda como o nosso corpo nos pertence sem, no entanto, estar preso à nossa essência. Acredito que as pessoas que sabem meditar julgarão com vantagem os nossos princípios, justamente porque poderão ver facilmente em que consiste a conexão que existe entre a alma e o corpo, que parece inexplicável por qualquer outra via.

Vê-se também que as percepções dos nossos sentidos, mesmo quando são claras, devem necessariamente conter algum sentimento confuso, pois, como todos os corpos do universo simpatizam, o nosso recebe a impressão de todos os outros, e conquanto os nossos sentidos refiram-se a tudo, não é possível que a nossa alma possa atender a tudo em particular; eis por que os nossos sentimentos confusos são o resultado de uma variedade de percepções que é totalmente infinita. E é mais ou menos como o murmúrio confuso ouvido por quem se aproxima da beira do mar vem da reunião das repercussões de vagas inumeráveis.

Ora, se de diversas percepções (que não chegam a um acordo para se tornarem uma) não há nenhuma que se sobressaia às outras, e se elas provocam impressões quase igualmente fortes ou igualmente capazes de determinar a atenção da alma, esta só pode aperceber-se delas confusamente.

XXXIV

Da diferença entre espíritos e demais substâncias, almas ou formas substanciais, e de que a imortalidade que se exige implica a lembrança

Supondo-se que os corpos, que são *unum per se* (um por si), como o homem, sejam substâncias e tenham formas substanciais, e que os animais irracionais tenham almas, é-se obrigado a reconhecer que essas almas e essas formas substanciais não poderiam perecer inteiramente, tampouco os átomos ou as partes últimas da matéria, na opinião de outros filósofos, pois nenhuma substância perece, conquanto possa tornar-se totalmente diferente.

Elas também exprimem todo o universo, conquanto mais imperfeitamente do que os espíritos, porém a principal diferença é que elas não conhecem o que são nem o que fazem e, por consequência, não podendo refletir, elas não poderiam descobrir verdades necessárias e universais.

É também por falta de reflexão sobre si mesmas que elas não têm qualidade moral, do que se segue que passando por mil transformações, mais ou menos como vemos que uma lagarta transforma-se em borboleta, para a moral ou para a prática, é como se disséssemos que elas perecem, e pode-se mesmo dizê-lo fisicamente, como dizemos que os corpos perecem pela sua corrupção.

Contudo a alma inteligente, conhecedora do que ela é e podendo dizer esse *EU*, que diz muito, não permanece somente e subsiste metafisicamente, bem mais do que as outras; ela ainda permanece a mesma moralmente e constitui o mesmo personagem, pois é a lembrança, ou o conhecimento desse *eu*, que a torna capaz de castigo ou de recompensa.

Além disso, a imortalidade que se exige na moral e na religião não consiste exclusivamente nessa subsistência perpétua, que convém a todas as substâncias, pois sem a lembrança do que se foi, ela nada teria de desejável.

Suponhamos que algum particular deva tornar-se subitamente rei da China, mas com a condição de esquecer o que ele foi, como se acabasse de nascer totalmente de novo; não é, tanto na prática como quanto aos efeitos dos quais se pode aperceber-se, como se ele devesse ser aniquilado, e que um rei da China devesse ser criado no mesmo instante em seu lugar? O que esse particular não tem nenhuma razão para desejar.

XXXV

Excelência dos espíritos, e que Deus os considera preferivelmente às outras criaturas. Que os espíritos exprimem antes Deus do que o mundo, mas que as outras substâncias exprimem antes o mundo do que Deus

Mas, para fazer julgar por razões naturais que Deus conservará sempre não somente a nossa substância, mas também a nossa pessoa, isto é, a lembrança e o conhecimento do que somos (embora o conhecimento distinto às vezes seja suspenso no sono e nos desmaios), é preciso juntar a moral à metafísica; ou seja, não basta considerar Deus como o princípio e a causa de todas as substâncias e de todos os seres, mas também como chefe de todas as pessoas ou substâncias inteligentes, e como o monarca absoluto da mais perfeita cidade ou república, tal como é aquela do universo, composta de todos os espíritos em conjunto, Deus, mesmo sendo tanto o mais perfeito de todos os espíritos quanto Ele é o maior de todos os seres, seguramente os espíritos são os mais perfeitos e exprimem melhor a divindade; e a qualquer a natureza, fim, virtude e função das substâncias cabe apenas exprimir Deus e o universo, como foi suficientemente explicado, não havendo margem para duvidar que as substâncias que o exprimem com conhecimento do que fazem e que são capazes de conhecer grandes verdades acerca de Deus e do universo, exprimam-no incomparavelmente melhor do que essas naturezas que são ou brutas, ou incapazes de conhecer verdades, ou totalmente destituídas de sentimento e de conhecimento; e a diferença entre as substâncias inteligentes e aquelas que não o são é tão grande quanto aquela que há entre o espelho e aquele que vê.

E como Deus mesmo é o maior e o mais sábio dos espíritos, é fácil julgar que os seres com os quais Ele pode, por assim dizer, entrar em conversação, e mesmo em sociedade, comunicando-lhes seus sentimentos e suas vontades de uma maneira particular, e de tal sorte que possam conhecer e amar o seu benfeitor, devem-no tocar infinitamente mais do que o resto das coisas, que só podem passar por instrumentos dos espíritos; como vemos que todas as pessoas sábias dão infinitamente mais importância a um homem do que a qualquer outra coisa, por mais preciosa que ela seja, e parece que a maior satisfação que uma alma, que, aliás, seja contente, pode ter, é ver-se amada pelas outras, embora, quanto a Deus, haja esta diferença: a sua glória e o nosso culto nada poderiam acrescentar à sua satisfação, sendo o conhecimento das criaturas apenas uma consequência da sua soberana e perfeita felicidade, bem longe de contribuir para ela ou de ser em parte a sua causa.

No entanto, o que é bom e razoável nos espíritos finitos acha-se eminentemente nele, e como louvaríamos um rei que preferisse antes conservar a vida de um homem do que a do mais precioso e raro dos seus animais, não devemos duvidar de que o mais esclarecido e justo de todos os monarcas tenha o mesmo sentimento.

XXXVI

Deus é o monarca da mais perfeita república composta de todos os espíritos, e a felicidade dessa cidade de Deus é o seu principal desígnio

Com efeito, os espíritos são as substâncias mais perfectíveis, e suas perfeições têm a característica de impedirem-se mutuamente ao mínimo, ou antes de ajudarem-se mutuamente, pois só os mais virtuosos poderão ser os mais perfeitos amigos, donde se segue manifestamente que Deus, que vai sempre para a maior perfeição em geral, terá o máximo de cuidado com os espíritos, e lhes dará, não somente em geral, mas mesmo a cada um em particular, o máximo de perfeição que a harmonia universal puder permitir.

Pode-se até mesmo dizer que Deus, enquanto espírito, é a origem das existências; de outro modo, se carecesse de vontade para escolher o melhor, não haveria razão alguma para que um possível existisse preferivelmente a outros. Assim, a qualidade de Deus, de ser Ele próprio espírito, ultrapassa todas as outras considerações que Ele pode ter para com as criaturas; só os espíritos são feitos à sua imagem, e quase da sua raça ou como filhos da casa, porquanto só eles podem servi-lo livremente e agir com conhecimento à imitação da natureza divina: um único espírito vale um mundo inteiro, porquanto ele não o exprime somente, mas também o conhece, e aí governa-se à maneira de Deus.

Dessa forma, embora toda substância exprima todo o universo, parece que, não obstante, as outras substâncias exprimem antes o mundo do que Deus, mas que os espíritos exprimem antes Deus do que o mundo.

E essa natureza tão nobre dos espíritos, que os aproxima da divindade tanto quanto é possível para as simples criaturas, faz com que Deus tire deles infinitamente mais glória do que do resto dos seres, ou antes que os outros seres só deem a matéria aos espíritos para glorificá-lo. Eis por que essa qualidade moral de Deus, que o torna o senhor ou monarca dos espíritos, concerne-lhe, por assim dizer, pessoalmente, de uma maneira totalmente singular.

É nisso que Ele se humaniza, dispõe-se a sofrer antropologias e entra em sociedade conosco, como um príncipe com seus súditos; e essa consideração é-lhe tão cara, que o feliz e florescente estado do seu império, que consiste na maior felicidade possível dos habitantes, torna-se a suprema das suas leis. Pois a felicidade é para as pessoas o que a perfeição é para os seres. E se o primeiro princípio da existência do mundo físico é o decreto de dar-lhe o máximo de perfeição que se possa, o primeiro desígnio do mundo moral, ou da cidade de Deus, que é a mais nobre parte do universo, deve ser o de aí espalhar o máximo de felicidade que seja possível.

Não se deve, então, duvidar de que Deus tenha ordenado tudo de sorte que os espíritos não somente possam viver sempre, o que é infalível, mas ainda que conservem sempre a sua qualidade moral, a fim de que a sua cidade não perca nenhuma pessoa, como o mundo não perde nenhuma substância. E, por conseguinte, saberão sempre o que são; de outro modo não seriam suscetíveis de recompensa nem de castigo, o que é, no entanto, da essência de uma república, sobretudo da mais perfeita, onde nada pode ser negligenciado.

Enfim, Deus sendo, ao mesmo tempo, o mais justo e o mais afável dos monarcas e nada exigindo além da boa vontade, desde que ela seja sincera e séria, seus súditos não poderiam desejar melhor condição, e, para torná-los perfeitamente felizes, Ele quer somente que o amem.

XXXVII

Jesus Cristo descobriu para os homens o mistério e as leis admiráveis do Reino dos Céus e a grandeza da suprema felicidade que Deus prepara para aqueles que o amam

Os antigos filósofos conheceram muito pouco essas importantes verdades; só Jesus Cristo exprimiu-as divinamente bem, e de uma maneira tão clara e familiar que os espíritos mais grosseiros as conceberam. Também o seu Evangelho mudou inteiramente a face das coisas humanas. Ele deu-nos a conhecer o Reino dos Céus ou essa república perfeita dos espíritos que merece o título de Cidade de Deus, cujas leis admiráveis descobriu para nós.

Só Ele mostrou o quanto Deus nos ama e com que exatidão proveu a tudo o que nos toca; que, cuidando dos passarinhos, não negligenciará as criaturas racionais que lhe são infinitamente mais queridas; que todos os fios de cabelo da nossa cabeça estão contados; que o céu e a terra perecerão antes que a palavra de Deus e o que pertence à economia da nossa salvação sejam mudados; que Deus tem mais cuidado com a menor das almas inteligentes do que com toda a máquina do mundo; que não devemos temer aqueles que podem destruir os corpos, mas não poderiam prejudicar as almas, porquanto só Deus pode torná-las felizes ou infelizes; e que aquelas dos justos estão em sua mão, protegidas de todas as revoluções do universo, nada podendo agir sobre elas senão somente Deus; que nenhuma das nossas ações é esquecida; que tudo é levado em conta, até mesmo as palavras ociosas, e até mesmo uma colherada de água bem empregada; enfim, que tudo deve redundar no maior bem dos bons; que os justos serão como sóis, e que nem os nossos sentidos, nem o nosso espírito, jamais experimentarão algo próximo da felicidade que Deus prepara para aqueles que o amam.

Confira outros títulos da coleção em

livrariavozes.com.br/colecoes/pensamento-humano

ou pelo Qr Code

Conecte-se conosco:

f facebook.com/editoravozes

◉ @editoravozes

𝕏 @editora_vozes

▶ youtube.com/editoravozes

☎ +55 24 2233-9033

www.vozes.com.br

Conheça nossas lojas:

www.livrariavozes.com.br

Belo Horizonte – Brasília – Campinas – Cuiabá – Curitiba
Fortaleza – Juiz de Fora – Petrópolis – Recife – São Paulo

  Vozes de Bolso

EDITORA VOZES LTDA.
Rua Frei Luís, 100 – Centro – Cep 25689-900 – Petrópolis, RJ
Tel.: (24) 2233-9000 – E-mail: vendas@vozes.com.br